小林嘉男
YOSHIO KOBAYASHI

職場を幸せにするメガネ

アドラーに学ぶ勇気づけのマネジメント

すべての仲間が幸せになれる
理想的な職場をつくろう！
そう決意した私が、

たった一つ変えたもの――。

それは、
「メガネ」でした。

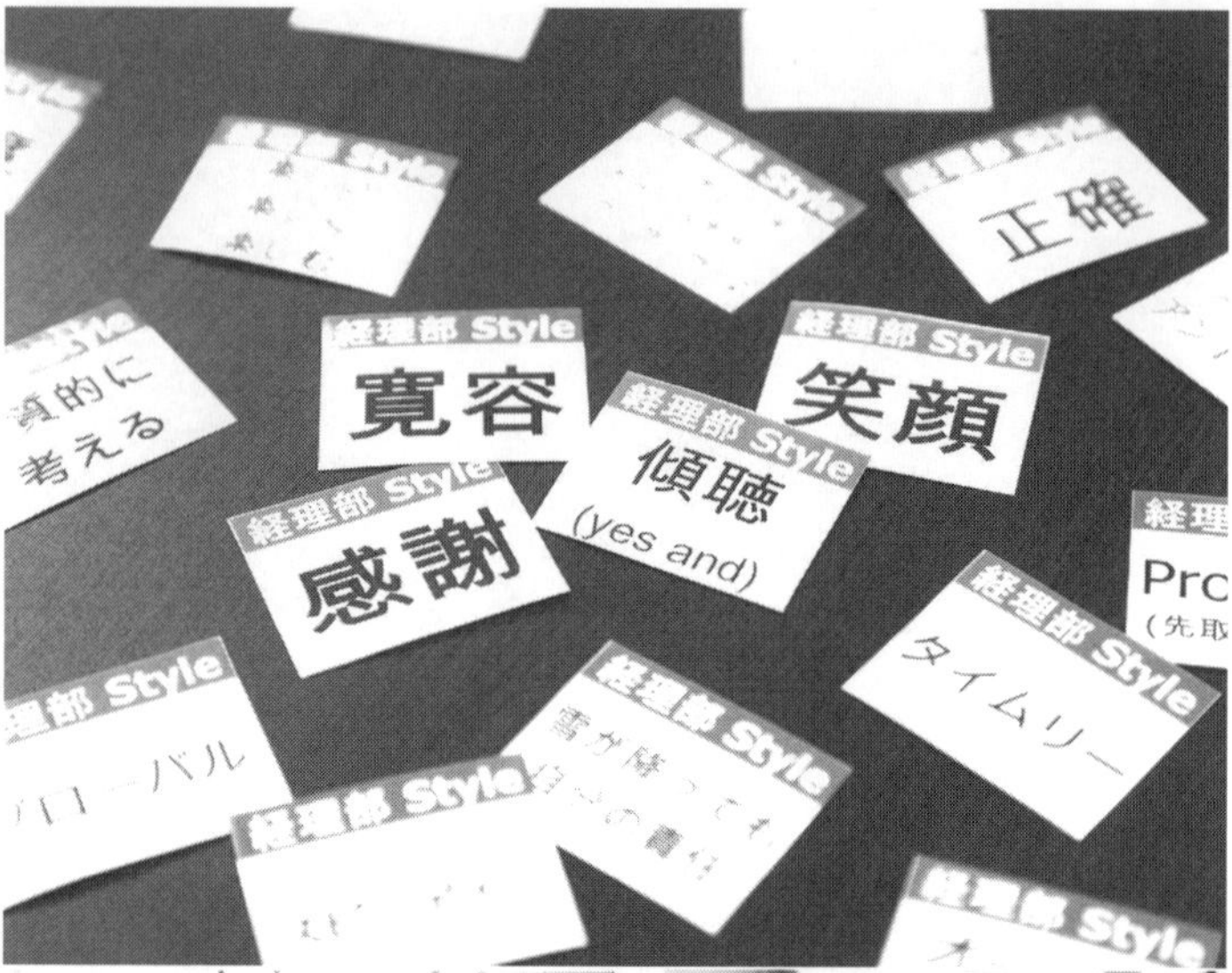
経理部 Style
正確
寛容
笑顔
傾聴
(yes and)
感謝
タイムリー

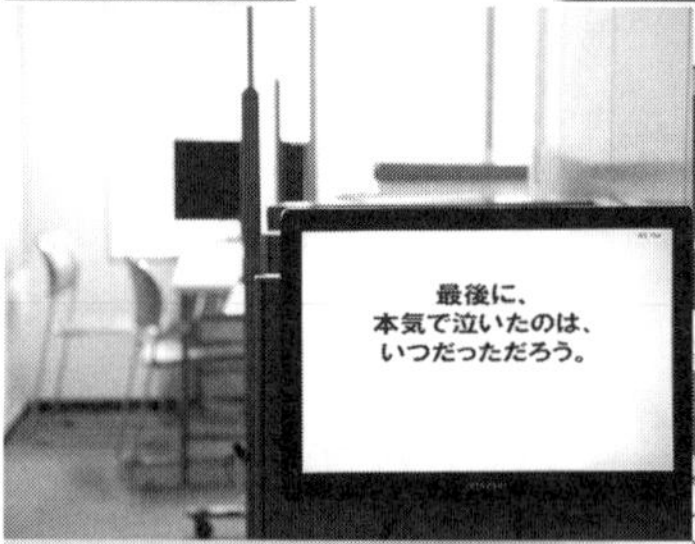
最後に、
本気で泣いたのは、
いつだったろう。

祭

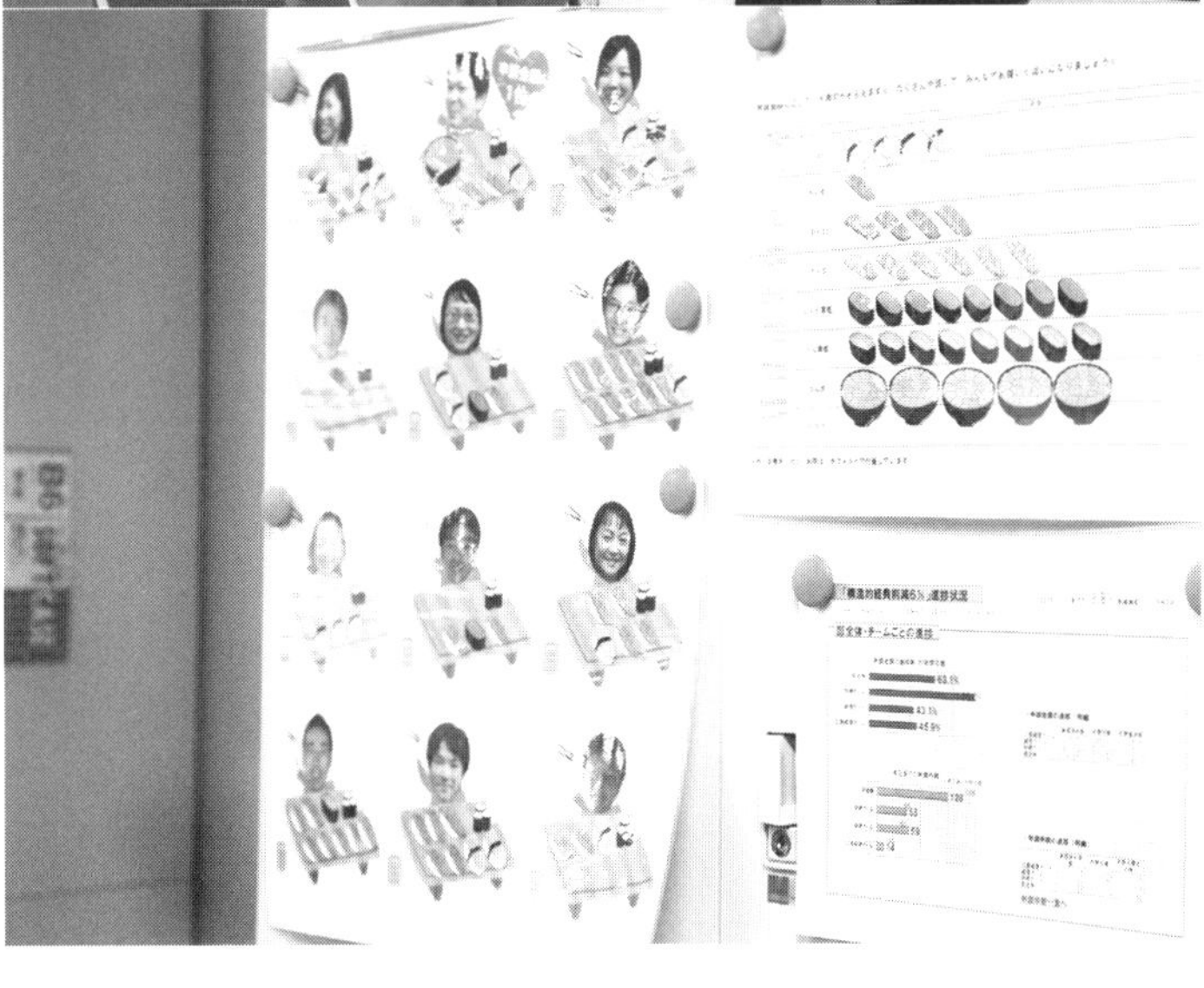

目次

第5章 現場で生じる3つの疑問 117

第6章 「幸せ職場」のつくり方 ステップ1 リーダーとしての想いを明確にする 145

第9章 「幸せ職場」のつくり方 ステップ4
動き出す仕組みをつくる 225

第10章 「幸せ職場」はこうして生まれる 257

第1章

幸せな職場　不幸な職場

一人ひとりが大切にする
価値を確認し合いながら

私は、東証一部上場の半導体製造装置メーカー、株式会社ディスコという会社で経理部長をしています。簿記などの、いわゆる経理系の資格を持たない、ちょっと異色の経理部長かもしれません。

ところで経理部と聞くと、なんだかお堅くて、黙々と机に向かっているイメージが浮かびませんか?

でも、私たちの経理部は、まったく違います。

職場に入ってくる瞬間から、部員はみんな笑顔です。

そして私に「小林さん、おはようございます」と挨拶してくれます。私たちの経理部では、役職名では呼ばず、さんづけやニックネームでお互い呼び合っています。

週明けの月曜日などは、席が近い部員と週末どう過ごしたか報告し合ったり、お土産を配り合ったりしています。まるで楽しいサークルのようなノリに満ちています。

一日の始まりは、朝礼。

といっても、目標や業務内容の確認が目的ではありません。

部員一人ひとりに、それぞれが大切にしている価値観があります。

ある部員は「約束を守る」という行為を、とても大切にしています。

ある部員は「常に笑顔でいること」を大事にしています。

そして、ある部員は「相手の話に耳を傾けること」を、そしてある部員は「人を応援すること」を大切にしています。

朝礼では、それぞれが大事にしている価値観を確認し合い、このメンバーで一緒に仕事ができることに喜びを感じながら、私たちの一日は始まるのです。

みんなで協力し合い、ピンチを乗り切る

そして――。

部長である私が自分から言うのも何ですが、部員たちの仕事ぶりは本当に素晴らしいのです。

何か課題や問題が発生しても、部員同士が集まり、協力しながらスピーディーに解決してしまいます。

例えば、こんなことがありました。

私の部署は、毎年4月に年度決算作業で忙しさのピークを迎えます。この時期は、文字どおり猫の手も借りたいほどの繁忙期です。

そんななか、主力メンバーの一人が、家庭の事情で会社を辞めなければならないことになりました。

そのとき、部員たちの中から、

「こういうピンチのときだからこそ一人ひとりが全力を出し切ろう」

「安心してもらうためにも自分たちがしっかりやろう」

という声が上がりました。

そのメンバーが、どれほど迷い、苦しみながら退社を決断したのか、部員全員に痛いほど理解できたからです。

そして、去っていったメンバーの似顔絵が、フロアの目につくところに飾られました。部員の一人が描いた、笑顔の似顔絵です。

残りの部員たちは、その似顔絵を毎日見ながら、「やむを得ず会社を去っていく仲間のために」という思いで必死に頑張りました。そして、このピンチを乗り切ることができたのです。

そんな部員たちの姿を見られることが、部長である私の最高の喜びです。

そんな彼らと一緒に仕事ができる自分を、とても幸せに感じています。

わずか3年前までは不幸な職場だった

私の勤めている会社は、社員のやる気、やりがいの向上を大切にしています。

おかげさまで **「働きがいのある会社ランキング」** という調査で、グーグルや日本マイクロソフトと並び、ここ数年トップ10にランクインし続けています。

また、社員のやる気、やりがいを大切にしている会社なので、社内でも **「最も働きがいのある職場ランキング」** を開催しています。

社内といえども、全世界に支社があり、総勢4000人が働く職場です。

そのなかで、2013年には私たち経理部が社内の「最も働きがいのある職場ランキング」で1位に輝くことができたのです。

けれども、2013年に1位に輝いたそのわずか3年前まで、経理部は決して幸せな職場とは言えませんでした。

いや、残念ながら、むしろ不幸な職場だったと言えます。

「働きがいのある会社」ランキング（従業員1000人以上の部）

http://hatarakigai.info/ranking/

2016年発表	
1位	日本マイクロソフト
2位	アメリカン・エキスプレス
3位	ワークスアプリケーションズ
4位	**ディスコ**
5位	Plan・Do・See
6位	日建設計
7位	プルデンシャル生命保険
8位	モルガン・スタンレー
9位	サイバーエージェント
10位	マクニカ

2015年発表	
1位	グーグル
2位	日本マイクロソフト
3位	アメリカン・エクスプレス
4位	Plan・Do・See
5位	ワークスアプリケーションズ
6位	**ディスコ**
7位	サイバーエージェント
8位	日本イーライリリー
9位	DHLジャパン
10位	モルガン・スタンレー

2014年発表	
1位	日本マイクロソフト
2位	ワークスアプリケーションズ
3位	アメリカン・エキスプレス
4位	サイバーエージェント
5位	プルデンシャル生命保険
6位	日本イーライリリー
7位	**ディスコ**
8位	DHLジャパン
9位	日建設計
10位	モルガン・スタンレー

2013年発表	
1位	グーグル
2位	日本マイクロソフト
3位	Plan・Do・See
4位	ワークスアプリケーションズ
5位	サイバーエージェント
6位	アメリカン・エキスプレス
7位	ザ・リッツ・カールトン東京
8位	トレンドマイクロ
9位	三幸グループ
10位	**ディスコ**

一般的に、経理部というのは、会社の予算や資金を扱っている立場上、発言力の強い部署、お金の使い道など細かいことにうるさい部署というイメージをお持ちではないでしょうか（それが良いかどうかは別問題だと思いますが）。

ところが、私が就任した頃の経理部は、経営陣からの評価も厳しく、社内的にも影響力が発揮できていませんでした。そんな状態でしたから、経理部で働くスタッフの多くは、自分たちは社内で評価されていない、イケてない部署なんだという、負い目のようなものを感じながら働いていたのです。

しかも、毎年のように部員が退職しては中途採用で補充するという不安定な状態でした。昔からいるスタッフと中途入社したスタッフの間に壁のようなものがあって、どこかギスギスした雰囲気が漂っていました。

経理という仕事は、専門性が高く、担当が細分化されやすい職種ではあります。

でも、いくらそうだからといって、**「隣の部員が何をしているのか、まったくわか**

らない」という状況は、さすがに冗談のようだと思いませんか？

私が経営企画室から異動してきたとき、部内はまさにその冗談のような状態だったのです。

ですから、誰か一人でも会社を長く休んだ途端、

「あの件はどうなっているのかな？」

「いや、わかりません。担当じゃないので」

と、そこで話が終わってしまい、他の業務に大きな支障が出てしまいます。

仲間が一つの職場に集まり、一緒に仕事をしているのに、実態は〝個人商店〟の集まりのような状態でした。いや、自分がいないと周りの人間に多大な迷惑を与えるのですから、〝個人商店〟の集まりよりも、もっとひどい状態だったわけです。

ギスギスした職場をつくり出す張本人

部長に就任早々目のあたりにした、経理部のギスギスした雰囲気――。

私は、これをなんとか変えたいと強く思いました。

なぜなら、かつての私がそうだったからです。


かつての私は、部下からこんな評価を受けていました。

「鬼上司」

「冷徹人間」

なかでも極めつきのあだ名は、

「シリコン野郎」

でした。


シリコンは、半導体を覆う、熱伝導率の低い素材のことです。まるで血の通っていない人間のような私のマネージャーぶりを皮肉った、半導体製造装置メーカーならではの絶妙な例えです。今では、自分の中でも笑い話になっています。

けれども、そんなあだ名がつけられていることを知ったときは、立ち直れないほどヘコみました。

私自身がダメ上司だったのです。

ギスギスした職場をつくり出した、その張本人だったのです。


ただ、私が決して頑張っていなかったわけではありません。

部下のことを考えていなかったわけでもありません。

それどころか――、「他のどの部署よりも良い職場にしたい。そして、みんなを成長させたい」という熱い思いで、誰よりも必死になって働いていたつもりでした。


けれども、私が頑張れば頑張るほど、ここを良い職場にしようと必死に動けば動くほど、周りの仲間は不幸になっていったのです。

すべての職場を幸せにするカギ、それは――？

かつての経験を踏まえて、私ははっきりと言えます。

幸せな職場と不幸な職場の違い、それは業界の違いではありません。成長産業に属する業界の職場が幸せで、斜陽産業の職場が不幸なわけではないのです。

また、会社の規模も無関係です。この人数だから幸せで、この人数なら不幸というわけでもありません。

当然、職種の違いも関係ありません。営業部も、人事部も、総務部や経理部も、どの部署でも、幸せな職場と不幸な職場が存在しています。

そして、地域性の違いでもありません。都市部の職場が幸せで地方の職場が不幸であったり、その逆であったりすることは、絶対にあり得ません。

業界、規模、職種、地域性――。
それらは、職場の幸福度とはまったく関係ないのです。

では、何がいったい関係するのでしょうか？

ただ一つです。

それは**「人間関係」**です。

「鬼上司」「冷徹人間」「シリコン野郎」……さまざまなあだ名をつけられ、立ち直れないほどへコんだ私は、コミュニケーションについて学び直しました。

そしてようやく、「人間関係」という答えに行き着いたのです。

あなたの職場は今、幸せな職場ですか？

こんな職場は、果たして幸せな職場と言えるでしょうか？

1人だけ声の大きい職場

決断を下すのは常に一人で、周りから意見やアドバイスを求めることはせず、いつ、どんなときでも独断的に物事を進めていく。他の人間は心のスイッチを切って盲目的に従うだけ――そんな職場です。

一日中ひと言も会話がない職場

朝の挨拶を交わすこともなく、静かにデスクに座って仕事を開始。周りの人間が何をやっているのかまったくわからず、いつ帰ったかも気づかない――そんな職場です。

全員がイライラしている職場

「何か面倒なことでも頼まれるんじゃないか？」「ダメ出しでもされるんじゃないか？」「そんなことをやる意味があるのか？」といった空気に満ちていて、会話が交わされるたびにイライラ度が増していく――そんな職場です。

あきらめてしまっている職場

「どうせ無理」「そんなノルマ達成できるわけがない」など、やる前から無理と決めつけ、やるだけ損、頑張る人間はかっこ悪いというムードが漂っている――そんな職場です。

し〜ん
〈一日中ひと言も会話がない職場〉
あれやれ！
これやれ！
〈1人だけ声の大きい職場〉
今月の目標
ムリ
ムリ
〈あきらめてしまっている職場〉
イライライライラ
〈全員がイライラしている職場〉
あなたの職場は
どうですか？

皆さんの職場は、いかがですか？

社員すべてを幸せにする――そんな夢のようなことは可能か？

職場は、人生の大半を過ごす場所です。
その場所に「行きたくない」と感じている人がいたら？
その場所を「楽しめない」と感じている人がいたら？
その場所で「時間をやり過ごそう」と感じている人がいたら？
その人にとって、これほどつらいことはありません。

ですから、職場のリーダーは、職場を幸せな場所にする責任があると思うのです。
特定の一人が幸せな場所ではなく、また大半の人が幸せな場所でもありません。
そこに集うすべての人にとって、幸せな場所にする責任があります。
誰一人の例外もなく、すべての社員です。そこにはもちろん、リーダー自身も含まれています。

なぜなら、かけがえのない、仲間一人ひとりの人生がかかっているから。

そして、かけがえのない、あなた自身の人生がかかっているからです。

社員すべてを幸せにする――そんな夢のようなことは果たして可能なのでしょうか？

断言します。

絶対に可能です。

きれいごとならば、実現しないかもしれません。

けれども、覚悟を決めて行動すれば理想は必ず叶います。

私は、そう信じています。

今日も奮闘する、全国の職場リーダーの皆さんへ

この本は、かつての自分に書きました。

「良い職場にしたい」と思って頑張ってきたのに、その頑張りが逆効果になっていた、そんな自分に……です。

そして、

「頑張りが間違っていた」

あるいは
「頑張り方がわからない」

そんなふうに思いながらも、今日も孤軍奮闘している職場のリーダーが日本中にたくさんいるはずです。

そんなリーダーの方々に届けるために書きました。

私自身、まだまだ学びの途中にあります。

私たちの職場をもっと幸せな職場にするために、いったい何ができるのか――？

今も週末を使い、コミュニケーションスキルの習得を続けています。

また、社内ではコミュニケーション講座を立ち上げ、経理部だけではなく、他部署にも素晴らしいコミュニケーションの取り方を普及させています。

日々考え、試行錯誤しながら、進んでいます。

この本に込めた想いを共有してくださる方々が増えたら、著者としてこれほど勇気づけられることはありません。

そして、想いを共有してくださる方々同士がつながり、励まし合う関係を築き、一緒に進んでいけたら、著者としてこんなにうれしいことはありません。

私たち自身の力で、私たちの職場を、**社員すべてが幸せになれる場所**に変えていきませんか？

第1章
まとめ

職場を幸せにする、唯一のカギ。
それは「人間関係」が握っています。
あなたの職場の
人間関係はいかがですか?

第2章

冷徹上司と呼ばれて

あなたは十分頑張っている

私は、３つの顔を持っています。
１つ目は、経理部長。
２つ目は、社内コミュニケーション講座の講師。
３つ目は、プロのメンタルコーチです。

プロのメンタルコーチとして、私がコーチの資格を取ったコーチングスクールの運営を週末にお手伝いすることもあります。スクールの受講者は、全国各地から参加しています。そんなこともあって、私は全国のさまざまな業種・業界の職場のリーダーたちの悩みを聞く機会がたくさんあります。

そんな機会を持つたびに、私が心から実感することがあります。
それは、

社内コミュニケーション講座の様子

「頑張っていないリーダーなんて一人もいない」

ということです。

例えば「やり方がひどい」と周りから言われ、「誰もついてきてくれない」「結果が出ない」と悩んでいる職場マネージャーの方に話を聞いてみると、その方はその方なりに一生懸命、会社や部下のことを考えていることがよくわかります。

評判が良くない、結果が出ていないからといって、頑張っていないということではないのです。

私がお話を聞いた人たちは、全員が頑張っていました。かつての私も同じでした。ですから、あなたが悩めるリーダーとしてこの本を取ってくださったのなら、私があなたにどうしても伝えたい言葉があります。

それは、

「あなたは十分頑張っている」

ということです。

もしかしたら今は、あなたのそんな頑張りを認めてくれる人が誰もいなかったり、いてもごく少数だったりするかもしれません。誰よりもまずあなた自身が、あなたのこれまでの頑張りを、今ここで認めてあげてほしいのです。

頑張っていない人はいない

そして、あなたが十分頑張っているのと同じように、実は部下も一生懸命頑張っているんです。

私が経理部長に就任した際、これから一緒に働く部下一人ひとりと話をしました。一人ずつ話を聞いていくと、前任者からの評価が良くなかった部下も、とても頑張っていることがよくわかりました。

「一生懸命やっているのに上司がそれを認めてくれない」……そんな悔しい思いを抱

えながら頑張っている部下もいました。そんな部下に「今まで頑張ってきたんですね。その頑張りが結果に現れるよう、一緒に取り組んでいきましょう」と私は伝えました。そんなひと言がきっかけで、前の上司の下では元気のなかった部下が、今やチームの中核を担う存在として活躍してくれています。

あなたも、あなたの周りの人も――。全員がそれぞれ一生懸命頑張っているのです。

一人だけ声の大きい職場、一日中ひと言も会話がない職場、全員がイライラしている職場、あきらめてしまっている職場……そういった明らかに不幸に見える職場ですら、初めからみんなが頑張っていなかったわけではありません。

ただ、頑張り方がわからなかったり、頑張り方の方向性が少し違ってしまったせいで、お互いの頑張りが噛み合わなかっただけ。そして、そんな空気に疲れ果ててしまっただけなのです。

悩めるリーダーは、自分の人格を変えるべきなのか？

頑張っても認めてもらえない。頑張っても結果が出ない。

そんな苦しく先の見えない空気の中では、頑張れば頑張るほど職場が不幸になります。

事実、以前の私の周りがそうでした。上司の私が頑張れば頑張るほど、部下も、そして当の私も不幸になりました。


では、いったいどうすればいいのでしょうか？

やはり、私たちリーダーのせいなのでしょうか？

私たちリーダーが、人格を変えるべきなのでしょうか？


私は、そうは思いません。

あなたはこれ以上頑張らなくてもいいし、人格を変えなくてもいいのです。

多くの自己啓発書やマネジメント本が主張するように、

「上司であるあなたが変わるべきなんだ」

「あなたが変われば部下も変わるんだ」

とは言いたくありません。

なぜなら、あなたは今まで十分頑張ってきたのだし、今のままで十分素晴らしい存在なのだから、あなたが変わる必要はないと思うのです。

まず自分自身のことを認められるようになると、周りの人のことも認められるようになります。自分を受け入れられるから、周りの人を受け入れることができるのです。

ですから、まず頑張ってきた自分を認めてほしいのです。

そして、たった一つだけ、してほしいことがあります。
それは、

あなたのメガネをかけ替えること。

私たちは知らず知らずのうちに、メガネをかけて世の中を見ています。
ですから、あなたが変わるのではなく、あなたのメガネをかけ替える——。
これだけでいいのです。そうすれば、自然とさまざまなものが変わっていきます。

私に「メガネをかけ替える」という概念を教えてくれたのは、**「アドラー心理学」**
という学問でした。

では、メガネとはいったい何なのか？
メガネをかけ替えるとは、どんなことなのか？
アドラー心理学とは何なのか？

私の体験を交えながら、お話しさせてください。

新卒で入社した会社がバブル崩壊で業績悪化

私は、大学で観光学を専攻しました。

そして、新卒時の就職活動では、ホテル事業に携わりたくて、当時積極的にホテル事業に投資していたゼネコンに就職しました。

働き始めたのは、バブル崩壊前夜の1991年です。ゼネコンは「習うより慣れろ」の叩き上げの世界。言葉もろくにできないのに入社3年目にヨーロッパへ海外赴任を命じられるなど、入社から退職するまでの8年間、初めてのことに挑戦する日々が続きました。「自分で何とかするのが当たり前」という環境で、社会人経験を積んでいったのです。

私は大好きなホテル事業に就くことができ、大きな仕事を任せてもらい、やりがいを感じていました。

と同時に、私の中で理想の上司像も芽生えつつありました。当時の私にとって上司とは「仕事がデキる先輩」であって、「チームをマネジメントする存在」ではありませんでした。

ところが……。

バブル崩壊で、会社は大きな打撃を受けました。大好きだった会社がボロボロになっていくなかで、私たち社員はとにかく頑張りました。けれども必死の努力も虚しく、会社の業績は日を追うごとに悪化していきました。

そんな毎日に、身も心もくたくたに疲れてしまいました。これ以上頑張ったら、自分の何かが壊れそうだと感じました。私は東京を離れ、地方の会社に勤めることを選択したのです。

最初の転職は、ジャスダックに店頭公開している地方メーカーへのIターンでした。

しかし、地方での生活は長く続きませんでした。転職した会社は良くも悪くも社長のワンマン経営で、トップが黒と言えば白いものも黒くなる、そんな会社でした。

また、仕事もプライベートもすべての動きがゆっくり感じてしまい、次第に物足りなさを感じるようになっていったのです。

転職して1年もたつ頃には、

「もう一度東京に戻って第一線でバリバリやりたい」

という気持ちになっていました。

そして、再転職を決意したのです。


ところが、この転職活動で、私は社会の厳しさをとことん痛感させられました。

「学歴不十分」という理由で書類選考ではじかれたり、書類選考に通って面接を受けても「募集しているポジションと経験値が合わない」などの理由で、大手企業の採用面接に次々と落ちたのです。

「自分はやれる」という根拠のない自信を持っていた私は、2回目の転職活動でその鼻をへし折られました。自分自身が完全否定されているような気持ちを味わっていました。

リーダーになれない悔しさを味わう

そんな失意のなかで採用が決まったのが、現在勤めている東証一部上場の半導体製造装置メーカー、株式会社ディスコでした。

転職活動で再三悔しい思いをしてきたせいか、

「がむしゃらに働いて結果を出して、自分の力を証明するんだ。悔しさを晴らすんだ」

という思いでいっぱいでした。

そして、理論武装をするためにビジネス書や専門書を読みあさるようになっていきました。

ところが、ここでも順風満帆のスタートは切れませんでした。

私が入社したのは半導体製造装置を手がけるメーカーで、右肩上がりの成長期にありました。同年代のキャリア採用組は次々とリーダーに就任していきましたが、私は違いました。私が配属された経営企画チームには、既に1年前にキャリア採用で入社したリーダーがいたからです。

私がリーダーになれないのは、会社からしてみれば当然です。

けれども転職活動で感じた悔しさを晴らすべく、やる気満々で入社した私にとっては、「入社後の処遇が入社のタイミングで決まる」という現実に、さらに悔しさが増していきました。

私は、悔しさを晴らすために、がむしゃらに働きました。

睡眠4時間、寝ずに頑張りました。

「頑張って成果を出して、周囲に認めさせてやるんだ」

「自分がリーダーになるんだ」

そんな思いで、必死になって働いたのです。

入社翌年には、社長が直接指揮するプロジェクトのリーダーに抜擢されました。

「ここで結果を出せば、認められるチャンスだ！」

そう思って、がむしゃらに取り組みました。その結果、プロジェクトが成功し、社長賞を受賞。そして、ついに念願のチームリーダーになったのです。

「ロジックおかしいよね」が口グセの「べき論」上司

「自分がリーダーになったからには、部下を鍛えて、結果を出して、社内一のチームをつくるんだ」

私は意気込みました。

部下を鍛え、チームを強くするために、マネジメント本を読破しました。タイトルに「マネジメント」「リーダー」とつく本は全部読むんだ、というぐらいの意気込みでした。

経営企画チームのリーダーだった私は、経営戦略やロジカルシンキングなどのビジネス書に傾注しました。

そういった本が教示していたのは、

「目指すべき数値は？」

「取るべき戦略は？」

と、すべてを「べき論」で考える思考法です。

こうして私は、「べき論」で満たされた、頭でっかちな人間になっていきました。

当時の口グセは、

「ロジックおかしいよね」「これってMECEじゃないよね」

でした。

MECE（ミーシー）とはMutually Exclusive and Collectively Exhaustiveの略で、「モレなくダブリなく」の意味でコンサルタントの世界で使われる用語です。

私は、部下が何か言ってくるたびに、この口グセで答えました。

言われた部下は、正論なだけに何も言い返せませんでした。

やがて、部下はなかなか意見を言わなくなっていきました。何か言っても、上司である私に論破されてしまうからです。

自分と同じ働き方を強要する「馬車馬」上司

仕事のやり方についても、同じでした。

がむしゃらに働くことが成果を出すいちばんの方法だと、私は信じていました。実際、ゼネコンの新人時代から、そのスタイルで結果を出してきたからです。

私は、休日出勤も厭わず、朝から深夜まで馬車馬のように働きました。そして、部下にも同じスタイルで働くことを求めました。

その結果、私の部下は、同僚や他部署の人間に、ワーク・ライフ・バランスが欠如した状態をグチるようになっていたのです。

部下は私に直接は言いませんでしたが、その声は漏れ聞こえてきます。

けれども私は、

「何を甘っちょろいことを言ってるんだ！　仕事がデキるようになるには、これぐらい当たり前なんだ」

と聞き流していたのです。

いつの間にか、事態は深刻度を増していました。体調不良を訴えたり、部署異動を希望したり、ついには会社を辞める部下まで出始めたのです。

それでもまだ私は「自分に甘いな。それじゃ成長できないぞ」と、楽観的に捉えていたのです。

衝撃のフィードバック結果

たまりかねた部下が取った行動は、上司である私へのフィードバックという名の「陳情書」を提出することでした。

ある日、部下から「無記名でフィードバックさせてほしい」と要望がありました。

今から考えてみればおかしな話ですが、自分のマネジメントに自信があった私は、不思議議にも思わず快諾したのです。

そして、フィードバックシートを手に取った私の目に飛び込んできたのは、

「鬼」

「血の通ってない半導体のように冷たい冷徹人間」

「あなたが怖いからみんな萎縮して意見が言えない」

と、想像もしていなかった言葉ばかりでした。


こんなに一生懸命みんなのためにやってきたのに！

どうして伝わらないんだ！

どうして、どうして……。

その晩は、悔しくて悔しくて眠れませんでした。


そのとき、私は初めて気づいたのです。

「これって、自分が部下にやってきたことじゃないか」ということに。

「一生懸命やってきたのにダメ出しされるのは、こんなに悔しいんだ」ということに。


オレは今まで、何てことをしてきたんだろう……。

自分がダメ出しされて初めて、自分がしてきたことの罪深さを思い知ったのです。

第2章 まとめ

馬車馬のように必死に働き、
部下にも同じやり方を求めました。
ところが、そうやって頑張れば頑張るほど、
私の職場は崩壊していったのです。

第3章

リーダーとは？　仲間とは？

リーダーは「幸せの専門家」である

鬼、冷徹人間と言われ、マネジメントの壁にぶつかり、もがいていた私を救ってくれたのは、2冊の書籍でした。

そのひとつが、何千人もの起業家を支援してきた浜口隆則さんの『戦わない経営』（かんき出版）です。

その本に書いてあった、「社長は幸せの専門家」という言葉に衝撃を受けました。

「幸せの専門家」っていったいなんだろう――？

ビジネスの現場に「幸せ」という概念が斬新に思えたからです。

本には、このように書かれていました。

会社は幸せをつくっている。

（略）


だから、社長は、「幸せの専門家」じゃないといけない。

会社に関わるすべての人が、どうやったら幸せになるのか？

社長は死ぬほど考えなきゃいけない。

幸せについて、もっともっと勉強しなきゃいけない。

それが、社長の仕事。


雷に打たれたような衝撃でした。

「自分は社長じゃないけれど、リーダーだって『幸せの専門家』じゃないか」

そう思いました。

「本当は自分だって、一緒に働く部下を幸せにしたかったんだ」

ということにも気づきました。

誰もが「人生の主人公」として生きることができる

そしてもうひとつの出合いが、私の現在のコーチングの師匠である、株式会社チームフロー代表、平本あきおさんの著書『成功するのに目標はいらない！』（こう書房）です。

それまで読んできた自己啓発書はすべて「夢や目標を持ちなさい、夢に日付を入れなさい」と言っていました。そんななかで「目標はいらない」という表現に惹かれ、手に取ったのです。

夢中になって読み進めると、次のような内容のことが書いてありました。

人は、ビジョンと価値観に基づいた「自分軸」を大切にして生きるべきである。
誰もが「人生の主人公」として生きることができる。

私は、とんでもない間違いを犯していることに気づきました。

鬼上司時代の私は、部下に私の「自分軸」を押しつけていたのです。

私は「何やってるんだ、もっと頑張れ！　がむしゃらに働けば、必ず成長できるんだぞ」と彼らに檄を飛ばし続けました。そして、「部下はまだまだ、オレも上司としてまだまだだな。鍛え方がまだまだ足りないんだな」と反省していました。

部下一人ひとりに「自分軸」があり、部下一人ひとりが「人生の主人公」として生きることができる――。そんなことを一瞬たりとも想像することもなく……。

気づきによって、人間関係が変わり始めた

リーダーは「幸せの専門家」である――。

すべての人に「自分軸」があり、誰もが「人生の主人公」として生きることができる――。

浜口さん、平本さんからいただいた気づきを基に、私は、「自分がどんなチームをつくりたいのか」「自分がこの職場で心から見たいと願っていた場面は何だったんだ

ろう?」ということを、とことん考えました。

自分がこの職場で心から見たいと願っていた場面が、やがて浮かんできました。

それは、「部下全員が楽しそうに笑っている顔」でした。

みんなが楽しそうに笑っている――そんな場面に初めは少し当惑しましたが、その場面を思い浮かべるほど、自分の中でしっくりくる感覚がありました。

では、彼らはなぜ笑顔なのだろう? 私はさらに想像してみました。

それは、自分の仕事が好きで誇りを持っているから……。

それは、周りの仲間を信じ、みんなで成長し合えているから……。

それは、自分の仕事が誰かの役に立っている喜びを感じているから……。

そんな想像が心の中を満たしていき、私はあるキャッチフレーズに行き着いたのです。

それが、

「ワクワク　イキイキ　笑顔いっぱいの仕事がデキるチームになる」

でした。

私が作りたいのは、スタッフ一人ひとりが自分らしく輝く**「幸せ職場」**なんだ。
・自分が好きなこと、得意なことで貢献できて、それでみんなに喜んでもらえる。
それが自分の喜びやモチベーションになる。
・職場が大好きで、職場にいると知らず知らずのうちに笑顔になってしまう。
・好きで得意なことを突き詰めるから、一人ひとりがその道のプロフェッショナルになる。
――そんな仕事がデキるプロ集団になりたい。

そのイメージを言葉にしてみたのです。

事あるごとに部下にダメ出しを続け、「あなたは鬼だ」「冷徹人間だ」という辛辣なフィードバックを突きつけられてから数ヵ月後、私は部下全員の前で宣言しました。

「ワクワク　イキイキ　笑顔いっぱいの仕事がデキるチームになる」と。

これを聞いた部下は、全員キョトンとした顔をしていました。

それもそのはずです。

少し前まで「これってMECEじゃないよね」「ロジックがおかしいよね」「何回同じこと言わせるの」「勉強が足りないんじゃない」が口癖だったのですから。

正直、部下も始めの頃は、私が本心から言っているのか半信半疑で、様子を窺っているようでした。

当然の反応だったと思います。

「言行一致」のために、まずは自ら実践

そこでまず私は、自分自身が「職場でワクワク、イキイキ、笑顔で仕事を楽しむ」ことを体現することから始めました。

大切なのは、言行一致です。

私は、自分のデスクを好きなもの、楽しいもので飾り始めました。自分と一緒に暮らしているフレンチブルドッグの写真やぬいぐるみ、遊び心満載の文房具などでいっぱいにしたのです。なぜなら自分自身も楽しいし、部下から見てもわかりやすいからです。

と同時に、意識して部下にダメ出しをしないようにし、いつも笑顔でいることを心がけるようにしたのです。

すると、それまでとは景色が違って見えてきました。「部下を鍛えるのが上司の役割」と思っていたときは、部下のできていないところ、足りないところばかりが目につきました。ところが、「部下を幸せにするのが上司の役割」と思い始めると、**「彼ら、彼女らにとっての幸せって何だろう？」**という問いが自然と生まれてくるのです。そして、不思議なことに部下の表情や状態、考えていることや感情など、内面にも関心が向くのです。

驚いたことに、明らかに部下たちの反応も変わってきました。私と目を合わせることを避けるようにしていた部下たちが、私と向き合ってくれるようになったのです。

当時、私が毎日のようにダメ出ししていた部下がいました。周りの同僚からしてみると、かわいそうに、また鬼のダメ出しが始まったよと思われていたかもしれません。当時の彼はすっかり自信を失くしてしまい、いつも無表情で青白い顔をしていました。

その彼が、私との面談で「自分、成長したいんです」「変わりたいんです」と語ってくれるようになりました。

そして、そのために自分が日々気をつける項目を洗い出し、手帳に記入して毎日○×をつけ始めました。

自分で考えて、自分で行動し始めたのです。

さらに嬉しいことに、私との毎週の面談で、彼からその結果を報告してくれるようになりました。

「小林さん、先週の結果です。この項目とこの項目は毎日○がつくようになりました。これからは、ここと ここが課題ですね」

と、目を輝かせて笑顔で報告してくれるようになったのです。

私から見える景色が違ってきたことで、部下の反応がこんなにも大きく変わるものなんだ――。私は、嬉しさと驚きを同時に感じていました。

そして「アドラー心理学」と出合う

そんなふうに部下との関係が変わり始めた頃、私は**「アドラー心理学」**という学問に出合いました。

アドラー心理学とは、オーストリア生まれの心理学者、アルフレッド・アドラーの提唱した心理学のことです。

出合いのきっかけは、『成功するのに目標はいらない！』という書籍を通じて知った平本あきおさんが主宰するコーチングスクールに通い始めたことでした。そのコーチングスクール「チームフロー」が、アドラー心理学をベースとしたスクールだったのです。

そして、**「誰もが『人生の主人公』として生きることができる」**という、私の人生を変えてくれた衝撃的な言葉は、もともとアドラーが提唱した言葉だと知りました。

アドラー心理学との出合いは、まるで長年探し続けていた井戸を掘り当てたような感覚がありました。

「鬼」「冷徹人間」と言われた私のマネジメントが、どうしてうまくいかなかったのか……?

「一緒に働く人を幸せにするんだ」という思いを持ったことで、なぜマネジメントがうまくいき始めたのか……?

そもそも「幸せ」とは、いったい何なのか……?

個人の幸せと、集団の幸せを、どう考えれば良いのか……?

仲間をもっともっと幸せにするために、これから何ができるのか……?

そして、浜口さんと平本さんから気づきを得たことで、なぜそれまでとまったく違う景色が見えるようになったのか……?

アドラー心理学を学ぶにつれ、**私が抱いていたすべての謎が解き明かされていったからです。**

コラム

アルフレッド・アドラーとは？ アドラー心理学とは？

アドラーという名前など忘れ去られても構わない

ここで、アドラーおよびアドラー心理学について少し触れておきたいと思います。

アルフレッド・アドラー（1870〜1937）は、オーストリアのウィーン郊外で生まれました。精神科医であり、心理学者であり、社会評論家でもありました。彼の提唱した新しい心理学は通称「アドラー心理学」と呼ばれるようになったのです。

ジークムント・フロイト（1856〜1939）やカール・グスタフ・ユング（1875〜1961）と並び、「心理学の3大巨頭」といわれ、「自己啓発の父」とも称される存在のアドラーですが、その名前はこれまで世に知られていませんでした。2013年末に発売された岸見一郎先生と古賀史健氏の著書『嫌われる勇気　自己啓発の源流「アドラー」の教え』がベストセラーとなったことで、初めて名前を知った人も多いのではないでしょうか？

無名だった理由には「論文や著作が少なかった」「学派を組織することがなかった」なども挙げられますが、いちばんの理由はアドラー自身が「アドラーという名前など忘れ去られても構わない。この分野で働く人の誰もが、まるでわたしたちと一緒に学んだように行動するときがくるから」と寛容に考えていたからです。

私たちの心を奮い立たせてくれる「自己啓発の父」

その結果、アドラー心理学は、まるでコンピュータのOSのように、見えない形で多くの思想家の基盤となっています。『人を動かす』『道は開ける』のデール・カーネギー、『7つの習慣』のスティーブン・R・コヴィー、『夜と霧』のヴィクトール・E・フランクルなどに影響を与え、コーチングやNLP（神経言語プログラミング）といったコミュニケーション技術にも大きな影響を与えています。

アドラー心理学では、さまざまな新しい概念が提唱されてきました。

世の中で「劣等感」と呼ばれるものを「器官劣等性、劣等感、劣等コンプレックス」の3つに区別し、「コンプレックスや劣等感は誰にでもある。悪いのは、劣等感を使って問題から逃げようとすることだ」と述べたり……。「人間の問題はすべて対人関係上の問題である」とし、「自らの資源や使える力をうまく工夫すれば問題は必ず解決できる」としたり……。「自己啓発の父」の名にふさわしく、アドラーの考えは私たちの心を奮い立たせてくれるものばかりです。

本書では、こういったアドラー心理学のさまざまな概念の中から、特に職場マネジメントにおいて大切だと私が感じている、

① **「認知論」**
② **「共同体感覚」**
③ **「目的論」**
④ **「勇気づけ」**

の4つについて次章で取り上げていきたいと思います。

第3章
まとめ

リーダーは幸せの専門家であり、
誰もが人生の主人公である。
その気づきを得た後に私が出合ったのが、
「アドラー心理学」という学問でした。

第4章

幸せのアドラー心理学

「幸せ職場」のカギを握る、アドラー心理学

前章のコラム（P.67〜）でご紹介したとおり、アルフレッド・アドラーは、フロイト、ユングとともに「心理学の3大巨頭」といわれる心理学者です。

彼が提唱した心理学は「アドラー心理学」と呼ばれています。

『人を動かす』『道は開ける』などのベストセラーを著したデール・カーネギーや『7つの習慣』のスティーブン・R・コヴィーなどに影響を与えたといわれています。

アドラーは、それまでの心理学とは一線を画した、さまざまな考え方を発表してきました。

そのなかでも、職場の幸せを考える上で特に大切だと私が感じているのが、

①「認知論」
②「共同体感覚」
③「目的論」

④**「勇気づけ」**

の4つです。

なぜなら、

①もしも現在、あなたの職場マネジメントがあまりうまくいっていないのだとしたら、あなたのかけている「メガネ」をかけ替えることからスタートする必要がある――**「認知論」**を知ることで、それを学べるから。

②幸せな職場をつくるには、そもそも「個人が幸せな状態」とはどういう状態なのか、そして「集団が幸せな状態」とはどういう状態なのかを理解する必要がある――**「共同体感覚」**を知ることで、それを学べるから。

③では、幸せな職場をつくっていくために、部下のどこに意識を向ければいいのか――**「目的論」**を知ることで、それを学べるから。

④そして、職場の幸福度を増すために、部下とどんなコミュニケーションを取ればいいのか――**「勇気づけ」**を知ることで、それを学べるから。

アドラーの①～④の考え方は、幸福な人間社会を築くための大原則を私たちに教えてくれます。

私自身にとっても、マネジメントの手法を改善したり、職場に新たな仕組みを導入する際の拠りどころとなっています。**私たちの職場の土台とも言える思想**なのです。

では、これから①～④について、私なりの理解や解釈を元に、自分自身の職場での経験も交えながら解説していきます。

説明イラストを盛り込み、セルフチェック欄を設けていますので、それぞれの考え方を職場マネジメントの観点から大まかにつかんでいただけたら嬉しいです。

①「認知論」

誰もが「認知のメガネ」をかけて世の中を見ている

認知論とは？

アドラーは、「世の中に真実などない。あるのは主観的な解釈だけだ」と唱えました。そして、そのことを端的にわかりやすく伝えるために「誰もが自分だけのメガネを通してモノを見ているのだ」と言いました。

人間は誰もが「認知のメガネ」をかけて「主観的な解釈」をしている――この考え方を「認知論」と呼びます。

「私はそんな変なメガネ、かけていませんよ！　何の思い込みや偏見も持たずに生きていますから」と言い切れる人は、誰一人いません。誰もがメガネをかけ、自分の思うように物事を解釈しています。

非常にわかりやすい例で説明します。

私は犬が大好きで、家でフレンチブルドッグを飼っています。私にとって犬は、ペットという域をはるかに超えた大切な家族です。テレビに犬が登場したり、本屋さんで犬の写真集が置いてあると、じっと見入ってしまいます。私は「犬が大好き」というメガネをかけているからこそ、テレビに映る犬、本屋さんの写真集の犬が目に飛び込んでくるのです。

ところが、犬にまったく興味がないAさんは、テレビに犬が登場したり、本屋さんで犬の写真集が置いてあっても、目に入りません。けれども、趣味が自転車のAさんは、街中でロードバイクが通るたびにパッと目がいくのです。

一方、小さい頃に犬に噛まれたことのあるBさんは、犬を見るたびに「怖い」と感じてしまいます。向こうから犬がやってくると、たとえどんな小さな犬であっても、できるだけ距離を取ってすれ違おうとします。

こんなふうに犬という対象だけで考えてみても、

・「犬が大好き」というメガネをかけて犬を見ている私

- **「犬にまったく関心がない」という、レンズなしのメガネをかけているAさん**
- **「犬は怖い」というメガネで犬を見るBさん**

……と、人それぞれが違うメガネをかけています。

私たちはありとあらゆる物事に対して、「認知のメガネ」をかけて見ています。スポーツに対して、自分の親に対して、家を持つことに対して、結婚制度に対して、自分の上司に対して、政治に対して、最近のテレビ番組に対して、自分の部下に対して、満員電車に対して、コンビニスイーツに対して……。

常に膨大な数のメガネを持ち歩き、物事に応じてさっとメガネをかけ替え、物事を見ている……そんなイメージです。

なかでも、あなたの「ずっと信じてきたこと」や「かたくなに信じていること」は、特にお気に入りのメガネです。そのため、あなたはとても頻繁に、そのメガネをかけたがります。

私は「部下を鍛えるのが上司の役割」というメガネをかけていました。このメガネが大のお気に入りでしたから、仕事中はできる限りかけていました。そして、このメガネをかけていることが重要だと思っていたし、当時の自分にふさわしいと思っていたわけです。

【セルフチェック〜「認知のメガネ」の存在を知ろう〜】

さて、ここであなたの**「認知のメガネ」**を知るためのセルフチェックをしてみましょう。

簡単なセルフチェックですが、メガネの存在に気づくことはできるのではないでしょうか。

「リーダーの役割、それは○○○○することだ。なぜなら△△△△だからだ」

この○○○○と△△△△の部分に、言葉を入れてみてください。

記入欄

どうですか？　できましたか？

正解・不正解はありません。誰かに見せるための答えではありませんから、心の中でシンプルに感じていることを書き出してみてください。それが今のあなたがかけているメガネなのです。

このような「認知のメガネ」に従って、私たちは日々行動しています。メガネは、私たちの人生に多大な影響を与えています。

ところが、**このメガネは目に見えないものなので、メガネの存在にそもそも気づいていない**人が多いのです。

辛辣なフィードバックをきっかけに、メガネをかけ替えた私

では、その見えないメガネをかけ替えることが可能なのでしょうか？

可能です。

それにはまず、今かけているメガネの存在を知ることからです。

そして、そのメガネがどのような影響を及ぼしているのかに気づくことです。

自分がかけているメガネが、自分がつくりたい未来に好影響を与えていると思うものはそのままかけ続けましょう。

けれども、そうでないのなら、思い切って新しいメガネにかけ替えるべきなのです。


私が「鬼」と呼ばれていた時代、メガネの存在に気づかせてくれたのは、部下からの辛辣なフィードバックでした。

自分がかけてきた「部下にダメ出ししてでも徹底的に鍛えるのが上司の役割」とい

うメガネが部下と私を苦しめてきたことに気づけたのです。
そして、「リーダーは幸せの専門家である」「すべての人に『自分軸』があり、誰もが『人生の主人公』として生きることができる」という言葉に出合い、「部下を幸せにするのが上司の役割」というメガネにかけ替えることができたのです。

私の人格が変わったわけでは決してありません。
「始めよう」と思えば誰でも踏み出せる小さなステップだった、とも言えます。でも、その一歩を踏み出したことで、今までとまったく違う視界が開けてきたのです。**それはまさに「メガネをかけ替えた」という表現がふさわしい感覚でした。**

不思議なものです。新しいメガネにかけ替えると、目の前で起こっていることは同じでも、同じものを見ているとは思えないくらい違った捉え方ができるようになります。

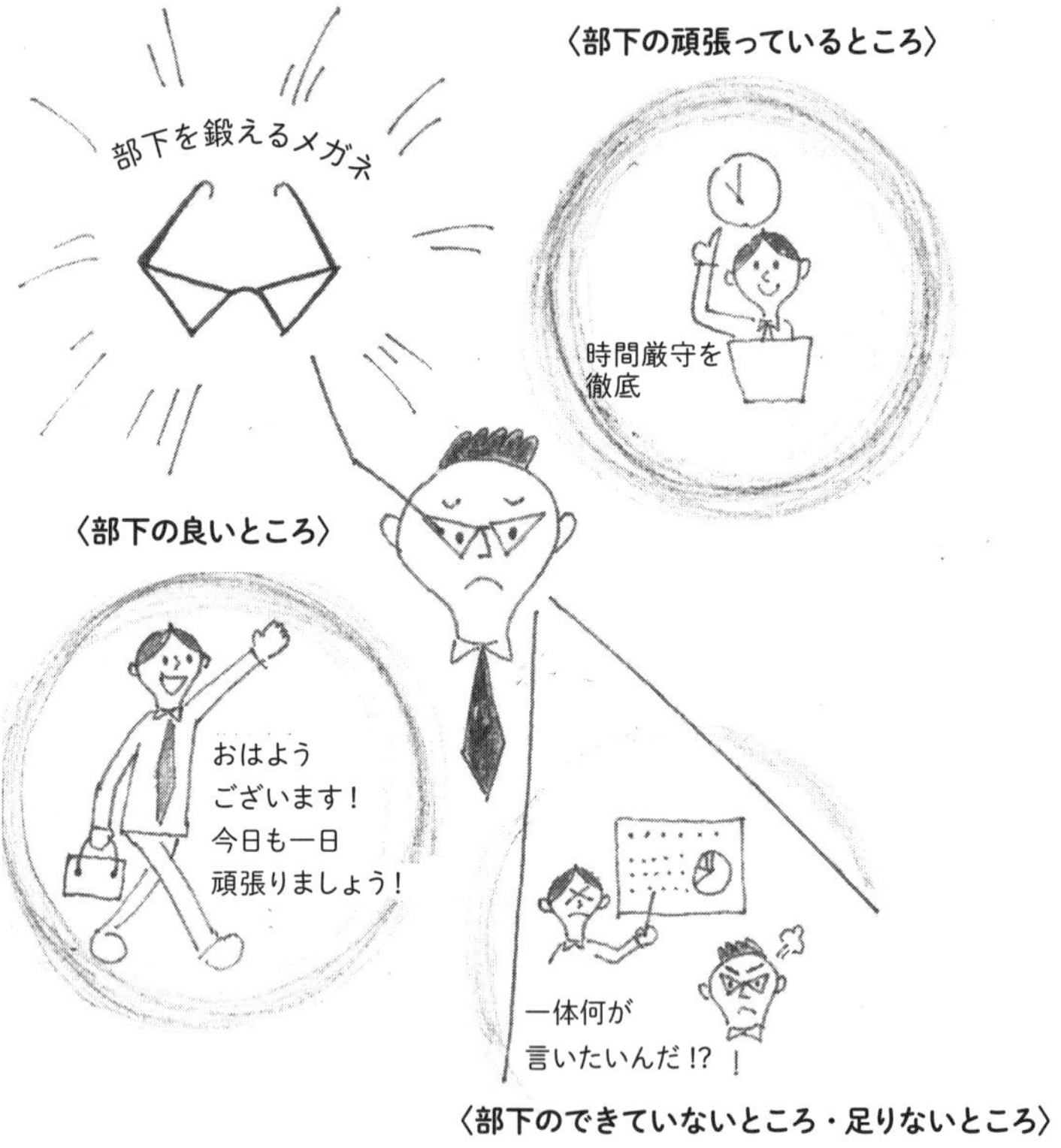

「部下を鍛えるメガネ」をかけると、
できていないところ・足りないところがばかりが目につく

「部下を鍛える」というメガネをかけていたときの自分には、部下のできていないところ、足りないところばかりが目につきました。

ところが、**「部下を幸せにする」**というメガネにかけ替えると、同じ部下なのに、部下の良いところや頑張っているところに気づきます。そして、部下のやっていることと、行動ばかりでなく、どんな気持ちでどんなことを考えているのか、部下の内面にも関心がいくようになったのです。

だからこそ、「うまくいってないな」「何かおかしいぞ」と感じているリーダーの方には、メガネをかけ替えてほしいのです。

先ほどのセルフチェックで書き出した、あなたが考えるリーダーの役割をもう一度思い出してください。このメガネをかけ続けることが、どんな未来へとつながるのでしょうか？

それはあなたが、そして共に職場で働く仲間が望む未来でしょうか？

もしも「それは違う。望む未来じゃない」と感じるのなら、どんなメガネをかけたほうがいいのか、本書を読みながら一緒に考えていきましょう。

② 「共同体感覚」

人間の幸福度を測れる、3つの尺度がある

共同体感覚とは？

さらに、アドラーは、「人が幸せだと感じるときは、次の3つを満たしているときだ」と言いました。

- **自分が好き（自己受容）**
- **人は信頼できる（他者信頼）**
- **私は貢献できる（他者貢献）**

この3条件を満たすほど人間の幸福度は増すのだ——と定義したわけです。

すごいことだと思いませんか？　幸福の「尺度」を〝発明〟してくれたのです。

アドラーは、この3条件が満たされている状態を**「共同体感覚」が持てている状態**と言いました。そして、この3条件を本書ではわかりやすく**「幸福の3条件」**と呼ぶこととします。


幸せという目に見えない概念、そしてそれを満たす条件については、古今東西でさまざまな議論がなされてきたことでしょう。「大事なのは愛だ」「いや、お金だ」「友情だ」など、いろいろな意見があったと思いますが、アドラーの定義した3条件はまさに核心をついたものだと私は感じています。


ただ、なかには「幸せって、人それぞれで違うんじゃないの？」と思う方もいらっしゃるのではないでしょうか？

そのとおりです。

「幸せの形」は、人それぞれ違うのです。

アドラーのすごいところは、

「『自分が好き』『人は信頼できる』『私は貢献できる』の3条件を満たせば満たすほど、人は幸せになれる」

と言ったと同時に、

「何をすることで『自分が好き』『人は信頼できる』『私は貢献できる』と感じるか、その中身は人それぞれで違う」

とも言っているわけです。

「自分が好き」を例に考えてみましょう。

大勢の前で堂々とプレゼンをしている自分を「好き」と感じる人。

人前に立つよりも黙々と静かにデータをまとめている自分を「好き」と感じる人。

忙しくて手が回らない仲間の作業を手伝っている自分を「好き」と感じる人。

一人ひとり違います。

「自分が好き」だと思えれば、幸福度が増します。

けれども**「好きの中身」は、まさに人それぞれ**なのです。

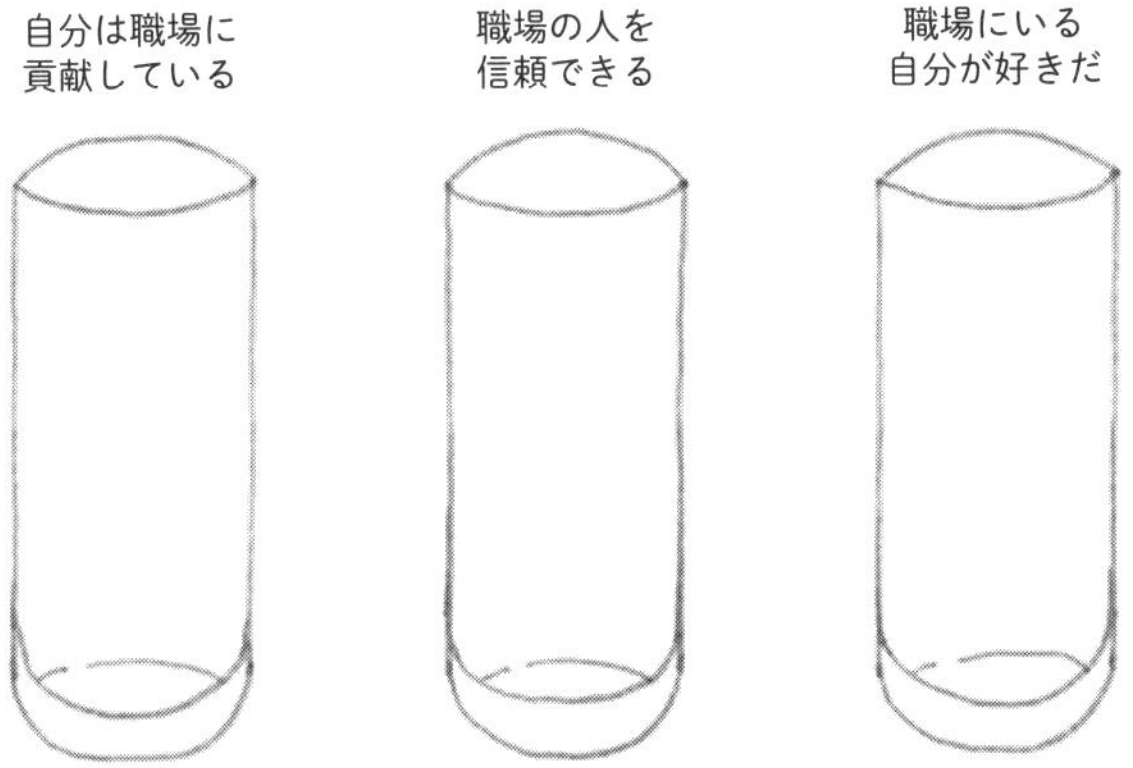
職場にいる
自分が好きだ
職場の人を
信頼できる
自分は職場に
貢献している

「セルフチェック～自分自身の職場での幸福度を測ろう～」

ここでまた皆さんと少しやってみたいことがあります。

3つのコップがあるとします。1つ目のコップには「職場にいる自分が好きだ」、2つ目には「職場の人を信頼できる」、3つ目には「自分は職場に貢献している」のラベルが貼ってあります。

では、ご自身の主観で結構ですので、それぞれのコップに水を入れてみてください。

あなたは自分のことをどれくらい好きですか？大好きなら1つ目のコップを全部満たしてもいいですし、「あまり……」という人は水が少なめになるかもしれませんね。あくまでも感覚でOKです。

3つのコップに水を入れてみましたか？
その水の量は、**あなたの職場での幸福度＝共同体感覚の強さ**を表しています。
これは私が考えた一つの方法ですが、こんなふうにして自分自身の共同体感覚を「見える化」することが可能なのです。

仮に水が少ししか入らなかった方も、どうか安心してください。少ないことが必ずしも悪いとは限りません。そもそもあなたの主観で決めた量なのですから、まったく気にする必要はありません。

量の多い・少ないを気にするよりも、もっと大事なことが3つあります。

1つ目は、**「あなたの幸福度は測れる」**と認識することです。あなたの心の中に、常にこのコップが存在しているイメージを持てれば最高です。
ほとんどの方にとって、これまで曖昧模糊としていた「あなたの幸福度」が見える化された瞬間だったのではないでしょうか？　そして、「それだけの量の水を入れることができたのは何があったからなのか？」を考えてみるといいでしょう。

2つ目は、**「あなたの幸福度を上げることも下げることも自在だ」**と知ることです。「少しでも水が増えている状態とはどんな状態なのか？」を想像し、「水を増やすために何ができるのか？」を考え、実行に移せば、水を増やすことができる。つまりあなた自身の幸福度を上げることができます。その逆のアプローチを取れば、幸福度を下げることができます。

3つ目は、**「誰もが心の中にこのコップを持っていると考えるべき」**と理解することです。職場の仲間も、心の中に同じコップを持っています。あなたが部下のコップの水を増やすコミュニケーションを取れば部下の幸福度は上がり、部下のコップの水を減らすコミュニケーションを取れば部下の幸福度は下がるのです。

幸福の3条件はお互いに影響し合う

さて、セルフチェックの結果はいかがだったでしょうか？

ちなみに、「自分が好き」「他人は信頼できる」「自分は貢献できる」の「幸福の3条件」はそれぞれ個別のものではなく、相互に影響し合っています。相互に影響し合うとはどういうことか、職場を例に考えてみましょう。

そもそもあなたは、信頼できない上司や同僚ばかりの職場で、一生懸命頑張ろう、職場に貢献しようと思えるでしょうか？

そのような環境では、一生懸命頑張ろうとは思えないですよね。信頼できる上司、仲間と働く職場だからこそ、貢献しよう、頑張ろうと思えるのです。

この心の状態が、**「人は信頼できる（他者信頼）」**です。

そのような気持ちで頑張って働いた結果、上司や同僚から、その貢献が認められたらどうでしょうか？　嬉しくて、さらに頑張ろう、もっと職場に貢献しようと思いますよね。

この心の状態が、**「私は貢献できる（他者貢献）」**です。

そして、「職場に貢献できた」「私は役に立つ存在なんだ」と感じることができると、自分自身の「価値」を自分で認めることができるようになります。

この心の状態が、**「自分が好き（自己受容）」**です。

このように、「幸福の3条件」は相互に関係し合っています。自分の貢献を認めてくれる、自分の頑張りを見ていてくれる、そう思えるからこそ、上司や同僚が信頼できるとも言えるわけです。

いくら一生懸命頑張っても上司や同僚から認めてもらえなければ、頑張って貢献しようとは、いずれ思えなくなるでしょう。そして上司や同僚を信頼することもできなくなっていくのです。

リーダーの役割とは？

共同体感覚は、先ほどの「幸福の3条件」のコップに入る水が多ければ多いほど、強く感じられます。

そして、共同体感覚を持ち続けられれば、一人ひとりが幸せであり続けられるのです。

「幸せ職場」をつくるリーダーの役割とは、いったい何か――。

それは、

仲間一人ひとりの「幸福の3条件」のコップの水を満たし、職場の「共同体感覚」を強くしていくこと。

アドラーの教えを通して、私の果たすべき役割がはっきりとしていきました。

「共同体感覚」を強める関わりをするのが、リーダーの役割

③「目的論」

過去の「原因」ではなく、未来の「目的」に着目する

目的論とは？

アドラー心理学の特徴のひとつである、「目的論」。これはフロイトやユングの「原因論」と対照的な考え方と言えます。

フロイトやユングの唱えた「原因論」

心理学と聞くと、フロイトやユングの名前、そして彼らの提唱したトラウマという概念を思い浮かべる人が多いのではないでしょうか？　簡単に説明しますと、彼らは何か問題が起こったときに、「過去の原因」に解決を求めました。

例えば、「部下に厳しく指導する先輩の下で働くAさん」がいるとします。Aさんは、先輩の厳しい指導を避けるかのように、他部署に異動していきました。

これを原因論的に捉えると、「Aさんが異動したのには何か原因があったに違いない」と考え、原因を探します。そして例えば、「先輩の指導が厳しすぎたからに違いない」という結論に到達するわけです。

アドラーの唱えた「目的論」

過去の原因に解決を求めた「原因論」に対し、アドラーは「目的論」を唱えました。

人間は「過去に何らかの原因」があって、感情を生み出し、行動するわけではない。

人間は**「未来に成し遂げたい何らかの目的」**があって、感情を生み出し、行動している。

――そう考えたわけです。これもアドラーの驚くべき発明の一つです。

先ほどの「部下に厳しく指導する先輩の下で働くAさん」の例で考えてみましょう。

このケースを目的論的に考えると、確かに先輩の厳しい指導が関係はしているようだが、「Aさんには異動という手段を用いることで得たい目的があったに違いない」と考えます。

では、Aさんの得たい目的は何だったのでしょうか？

「先輩の厳しい指導を受け続けることで自分の力不足が明らかになることを避けたかった」、あるいは「自分がどれだけ先輩の指導に傷ついたか間接的に訴えたかった」といった目的があったかもしれないとなるわけです。

目的論についてのイメージを深めていただくために、あえて親子関係の例を挙げながら、さらに説明させてもらいます。

子供が自室にこもり、独りでゲームをしているとします。このとき、「原因はゲームだ！　ゲームを捨ててしまえ！」という行動を取るのが原因論的アプローチです。

では、ゲームを取り上げ、捨ててしまえば、問題は解決するのでしょうか？

おそらく解決しません。子供は、ゲームをマンガやインターネットに替えて、部屋にこもり続けるでしょう。

一方、このときに「引きこもる目的は何なのか？　そこに意識を向けてみよう」という行動を取るのが目的論的アプローチです。「もっと自分に関心を持ってほしいから」「学校でイヤなことがあって聞いてほしかったから」など、子供には引きこもることによって果たしたい何らかの目的があるのです。その目的に関心を向け、話を聞き、コミュニケーションを図るほうが、ゲームを取り上げるよりも部屋から出てくる可能性が高くなるはずです。

いかがでしょうか？

「目的論」のイメージはつかんでいただけたでしょうか？

「目的論」という言葉がやっぱりわかりにくい、と感じる人がいるかもしれませんね。

そんなときは、次の質問を心に留めておいてください。

それは相手が、

「本当はどうなりたかったのか？」

という質問です。

本当は異動したかったのではなく、力不足が明らかになることを避けたかった——。

本当はゲームをしたかったのではなく、学校でのイヤな出来事を聞いてほしかった——。

この「本当は」の部分に目を凝らし、耳を澄ますのが、「目的論」なのです。

［セルフチェック～原因論と目的論を体感しよう～］

さて、ここでまたみなさんと少しやってみたいことがあります。

最近でも、昔のことでも構いません。誰かと喧嘩したときのことを一つ思い出してください。

そして、

①喧嘩の「原因」は何だったのかを思い出し、書き出してみましょう。「言い方がカチンときた」「相手が時間を守らなかった」「こちらが何も悪くないのに、いきなり文句を言ってきた」など、何でも結構です。

記入欄

②次に、喧嘩したことで得たかった「目的」は何だったのかを思い出し、書き出してみましょう。あなたが喧嘩をしかけてしまった場合はあなたの目的を想像して書き

出しましょう。あなたが喧嘩を売られてしまった場合は相手の目的を書き出しましょう。「もう少し丁寧に話してほしかった」「気持ちよく楽しい時間を過ごしたかった」など、「本当は……したかった」という目的があるはずです。

記入欄

③最後に、①と②を見比べながら考えてみましょう。

喧嘩の相手と仲直りをし、今後もうまくやっていきたいと思っているとします。喧嘩の原因について議論を交わすほうが仲直りしやすいでしょうか？　それとも、喧嘩をすることであなたが得たかった目的（あるいは相手が得たかった目的）について話をするほうが仲直りしやすいでしょうか？

人間関係においては「原因論」よりも「目的論」のアプローチがよい

セルフチェックは、いかがだったでしょうか？

私は、「目的」について話したほうが、「そういうことだったのか……」とお互いの理解が進むと思います。そして、実際のコミュニケーションもそうなのです。

これが、目的論的アプローチの基本的な考え方だと思ってください。

原因論的アプローチと、目的論的アプローチ。どちらが正しいというわけではありません。ロボットや機械など感情を伴わない対象についての見直し（製造プロセスの改善など）においては、原因論的アプローチが非常に有効です。

けれども、このセルフチェックで感じていただけたように、人間の心を伴うケース（実は職場コミュニケーションのほとんどの場合）においては目的論的アプローチで考えたほうが有効なのです。

では、人間の心を伴うケースでは、なぜ目的論的アプローチのほうが有効なのでしょうか？

もう少し深く踏み込んで解説すると、その理由は主に3つあります。

理由その1／真の課題が見つかる

先ほどのAさんの例で考えてみましょう。

真の課題がAさんの「力不足」であれば、他部署に異動した後も同じような状況に陥る可能性があるわけです。一方で、Aさんが厳しい先輩の指導に傷ついたことも事実です。「傷ついた」Aさんの心情を受け入れつつ、どうやってAさんの能力を上げていくかという真の課題と向き合えます。

目的論的に考えたほうが、Aさんの真の課題と向き合い、より良い方向に向かって進める可能性が高くなるわけです。

理由その2／自然と個別のコミュニケーションになる

Aさんと同じように先輩から厳しい指導を受けているBさんがいます。ところが、Bさんは異動せず厳しい先輩の下で生き生きと働き続けました。

「厳しい指導」が原因であれば、Bさんも他部署に異動しても不思議はないわけです。

では、どうしてBさんは厳しい先輩の下で働き続けることができたのでしょうか？それは「先輩から自分ができていないところを指摘してもらうことで自分が成長できると思ったから」です。Bさんには「成長したい」という明確な目的があったからです。

メガネの話に通じますが、どんな出来事も捉え方次第で解釈が変わります。そして、目的も真の課題人もそれぞれ違います。目的論を学ぶことで、部下一人ひとりとのコミュニケーションの重要性がわかり、自然と個別にコミュニケーションを取るようになります。

理由その3／部下が共同体感覚を持ちやすくなる

原因論的に事象を捉えると、どうしても、ダメなところ、できていないところに目がいってしまいます。部下の成果が挙がらないのは「ここがダメだから」「これもできていないから」となるわけです。

でも、上司と顔を合わせるたびにダメ出しをされたら、部下としては、たまったものではありませんよね。

ところが、目的論的に捉えると、同じく成果が挙がらない部下でも、「部下の成果が挙がるためには何が必要だろうか」という思考になります。

もしかしたら部下の長所を伸ばすことかもしれませんし、原因論と同じようにできていないところを改善する必要がある場合でも、「もっと成果が挙げられるようになるために、ここを改善したらいいと思うのだけど、どうだろうか」という伝え方ができるわけです。

「君の成果が挙がらないのは、これができてないからだ！」という原因論のアプローチとは部下の受け取り方がまったく違うのではないでしょうか。

結局のところ、リーダーが「何をするか」よりも、それを**部下が「どのように受け取るか」が大切**だということです。

褒めて伸びるタイプ、叱って伸びるタイプといった表現がよく使われますが、タイ

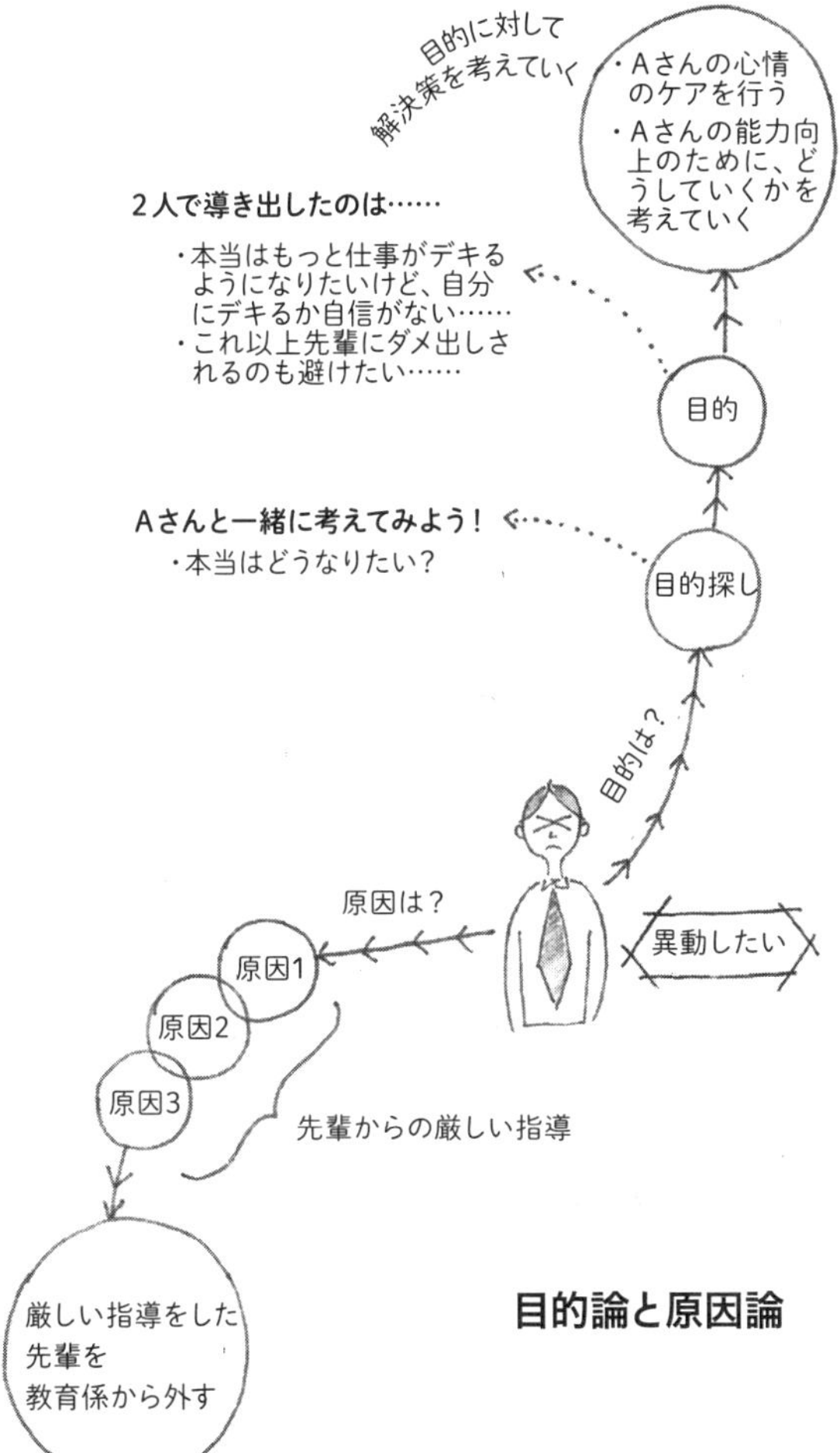

目的に対して
解決策を考えていく
・Aさんの心情のケアを行う
・Aさんの能力向上のために、どうしていくかを考えていく
2人で導き出したのは……
・本当はもっと仕事がデキるようになりたいけど、自分にデキるか自信がない……
・これ以上先輩にダメ出しされるのも避けたい……
目的
Aさんと一緒に考えてみよう！
・本当はどうなりたい？
目的探し
目的は？
原因は？
異動したい
原因1
原因2
原因3
先輩からの厳しい指導
厳しい指導をした先輩を教育係から外す

目的論と原因論

プというよりも、その時々でどのように接することが、部下の目指す目的にプラスになるのかを考えて接していくということだと思います。

ですから、マネジメントの第一歩は、**部下一人ひとりをしっかり観察して理解すること**なのだと思います。

④「勇気づけ」

褒めるのでもなく叱るのでもなく、勇気づける

勇気づけとは？

勇気づけという言葉の「勇気」の語源は、ドイツ語の「Mut（ムート）」だそうです。人間の体の内側からムクムクと熱く湧き上がるもの、といった意味があるそうで

す。

勇気づけをアドラーの言葉を使って説明すれば、**「共同体感覚を強める働きかけ」**のことです。

あなたが部下に何かしらコミュニケーションを取ったとします。そのコミュニケーションで部下の内側から湧き上がるものがあり、その結果として部下の共同体感覚が強まれば、それが勇気づけなのです。

褒めるも叱るも勇気くじき

最近よく巷で聞くのが、「褒める」ほうがいいのか、「叱る」ほうがいいのか、いわゆる「褒めるVS叱る」論争です。これらをテーマにした本もよく見かけます。

アドラー心理学には、名言があります。

それは、

「褒めるも叱るも勇気くじき」

という言葉です。

「どちらが良いのか？」ではなく、褒めても、叱っても、受け取る側の「共同体感覚」が強まれば「勇気づけ」、「共同体感覚」が弱まれば「勇気くじき」なのです。

叱られるほうが、一般的には共同体感覚が弱まりやすいが……

ただし……という注釈付きで、この話を続けさせていただきますね。

ただし、一般的には「叱られる、ダメ出しされる」ほうが「共同体感覚」は弱まる危険性が高いのです。

言われたことに少しでも納得がいかなかったり、理不尽に感じてしまうと、「人は信頼できる（他者信頼）」の度合いが下がりますし、仮にダメ出しされたことが正論であったとしても、そのことで自分に対する自信がなくなってしまえば、「自分が好き（自己受容）」の度合いが下がってしまうからです。

ただし、褒める際にも注意が必要

……と、こんなふうに書くと、「ほら、やっぱりそうじゃないか！　だから褒めるほうがいいんだよ」というのが最近の論調です。

だからといって、「褒めておけば間違いない」というわけではありません。褒めることも注意が必要なのです。

なぜならば、「褒めて部下を動かそう、褒めて部下をその気にさせよう」などと操作的に「褒める」行為を使おうとすると、褒められる側には、それが伝わってしまうからです。力で押さえ込もうとされるよりはまだマシと感じれば、部下は黙って動くかもしれません。けれども、自発的なやる気につながらないことが多いのです。

また、たとえそんな意図がないにしろ、知らず知らずのうちに、褒めてくれないとやらない、褒めてくれないと気分を害する、「褒め依存部下」を育成してしまうかもしれません。

では、いったいどうすればいいのか？

「褒めても叱ってもダメなら、お手上げじゃないか。いったいどうすればいいの？」と思われるかもしれませんね。

昔から「部下一人ひとりに合わせたマネジメントをしなさい」とよく言われますが、まさしくそういうことだと思います。

部下一人ひとり、しかもその時々の状況によって、「共同体感覚」が強まる関わり方が違うということなのです。

[セルフチェック〜勇気づけと勇気くじきを体感する〜]

さあ、ここでまた皆さんと少しやってみたいことがあります。

①あなたが部下だった頃、「上司から言われて、やる気になったひと言」を思い出してみてください。どんな場面で、どんなことを、どんなふうに言われましたか？それは、そのときのあなたにとっての**「勇気づけのひと言」**でした。

記入欄

②あなたが部下だった頃、逆に「上司から言われて、やる気がダウンしたひと言」を思い出してみてください。どんな場面で、どんなことを、どんなふうに言われましたか？　それは、そのときのあなたにとっての**「勇気くじきのひと言」**でした。

記入欄

私のマネジメントは、なぜ好転したのか？

セルフチェックは、いかがでしたか？

ここで覚えておいていただきたいのは、①、②ともに「その時のあなたにとっては」ということです。

例えば、①の勇気づけの言葉を、あなたではなく横に座っていた同僚が言われていたら、その同僚はやる気がダウンしていたかもしれません。あるいは、①の勇気づけの言葉を、当時ではなく現在のあなたが言われたとしたら、もしかしたら逆にやる気がダウンするかもしれません。

このように、何が「勇気づけ」で、何が「勇気くじき」なのかは、人それぞれであり、さらにその人の状況・状態によって、刻一刻と変わるものなのです。

では、なぜ私のマネジメントが好転したのかを、アドラーの教えを基に振り返っていきたいと思います。

鬼時代の私のマネジメント

部下のダメなところ、改善すべきところばかりを指摘していた鬼時代の私のマネジメントは、「もっと成長したい」という成長意欲旺盛な一部の部下にとっては成長のヒントが得られる歓迎すべきマネジメントでした。

けれども一方で、「家族との時間を大切にしたい」あるいは「そこそこで満足です」という部下にとっては、ダメ出しばかりする私に好意を持てなかったでしょうし、できていないところばかり指摘されて、自分の能力に対して自信を持てない状態だったに違いありません。

その結果、大部分の部下が、**私に対して「共同体感覚」を持てなかった**のだと思います。

メガネをかけ替えた後の私のマネジメント

ところが、新しいメガネにかけ替えた私は、部下の人生の目的――「部下一人ひとりが本当はどうなりたくて、どんな価値観を大事にしたいのか」――を大切にしながら、一人ひとりと対話を進めていきました。

部下が大切にしたい人生の目的に合わせた、目的論的なマネジメントに切り替えることができたのです。

人は誰でも、自分の大切にしたいことを大切にしてくれる人に好意を抱きます。そして、自分の大切にしたいことを応援してくれるわけですから、その人に対する信頼はより強くなっていきます。また、ダメ出しの代わりに、自分のできているところ、自分がどれだけチームに貢献しているかを見てくれて、それをフィードバックしてくれるわけですから、**部下の「共同体感覚」が強まっていった**のです。

ですから、以前の私からダメ出しばかりされて青白い表情をしていた部下が、自己成長に向けて自ら考え行動するようになり、それを私にも報告してくれるようになったのだと思います。

「メガネをかけ替える」とは、モノの見方、考え方を変えるということです。

新しいメガネにかけ替えると、結果的には、自分自身の人格が変わってしまったのではないかと思われるくらいの変化が生まれます。その結果、部下との関係にも大きな変化が現れます。

「人格を変えなさい」と言われると身構えてしまい、難しく捉えてしまいますが、「メガネをかけ替えるだけでいい」と思うと、ずいぶん楽な気持ちで自分自身と向き

マネジメントスタイル	特徴	結果
鬼時代の私のマネジメント	部下のダメなところ、改善すべきところばかりを指摘する「原因論」的なマネジメント	私に対して「共同体感覚」を持てない部下がほとんどだった
メガネをかけ替えた後の私のマネジメント	「部下一人ひとりが本当はどうなりたくて、どんな価値観を大事にしたいのか」を大切にし、一人ひとりと対話する「目的論」的なマネジメント	部下全員の「共同体感覚」が強まっていった

合えるのではないでしょうか。

本書の後半では「幸せ職場」をつくる方法について公開していきます。それらの方法を取り入れることで、職場に大きな変化を生み出せます。

しかし、いちばん最初に取り組んでほしいことであり、職場にもっとも大きな変化をもたらすこと、それは「リーダーが『部下を幸せにする』というメガネをかけること」だと私は思っています。「メガネ」は、職場マネジメントにおける最重要キーワードなのです。

そんな想いから、本書のタイトルに「メガネ」という言葉を使っています。

第4章 まとめ

メガネをかけ替え、共同体感覚や幸福の3条件、目的論的アプローチ、勇気づけの学びを深めることで、私のマネジメントは変わりました。

第5章

現場で生じる3つの疑問

職場リーダーとして直面する3つの疑問──それに対する回答

私は、アドラー心理学と出合ったことで、そこに集うすべての人が幸せだと感じられる職場をつくれるようになったという手応えを感じています。

その一方、たくさんの職場リーダーと出合うなかで、必ずと言っていいほど受ける3つの質問があります。

それは、

①「企業である以上、結果や効率は当然求められる。それはアップするのか？」

②「部下の良い点ばかりに注目すると言うが、ダメ出しが必要な場合もあるのでは？」

③「部下が幸せになれるのはわかるが、それで上司は幸せになれるのか？」

の3つです。

次章以降（6〜9章）で、私が社内で実際に取り入れている具体的な方法についてて紹介していきます。その前に、この3つの疑問についてお答えしておきたいと思います。

疑問①
企業である以上、結果や効率は当然求められる。それはアップするのか？

リーダーは最終的に成果責任を問われるわけですから、当然の疑問だと思います。
結論から言えば、部下が幸せな状態、アドラーが言う共同体感覚が持てている状態であれば、成果は間違いなく挙がります。それは私の部署でも実証されていることです。

「それはたまたま小林さんの職場がそうなっただけでは？」

と思われる方もいるかもしれませんね。

どうかご安心ください。マサチューセッツ工科大学のダニエル・キム教授の研究でも、幸せな職場が成果に好影響を及ぼすことが証明されているからです。

これを**「組織の成功循環サイクル」**と言います。

組織の成功循環サイクルとは？

キム教授は、「より大きな成果を挙げたければ、一見遠回りに思えるかもしれないが、職場の関係の質を向上させることに力を入れることが先決である」と提唱しています。お互いの信頼関係が増すことで、構成員の思考の質がアップし、それが行動の質、結果の質につながるというものです。そして、結果が出ることでさらに職場の関係の質が向上し、好循環になるというわけです。この状態を**「グッドサイクル」**と呼ぶそうです。

このグッドサイクルが回っている状態こそ、共同体感覚が持てている状態と言えます。

組織の成功循環サイクル

グッドサイクル

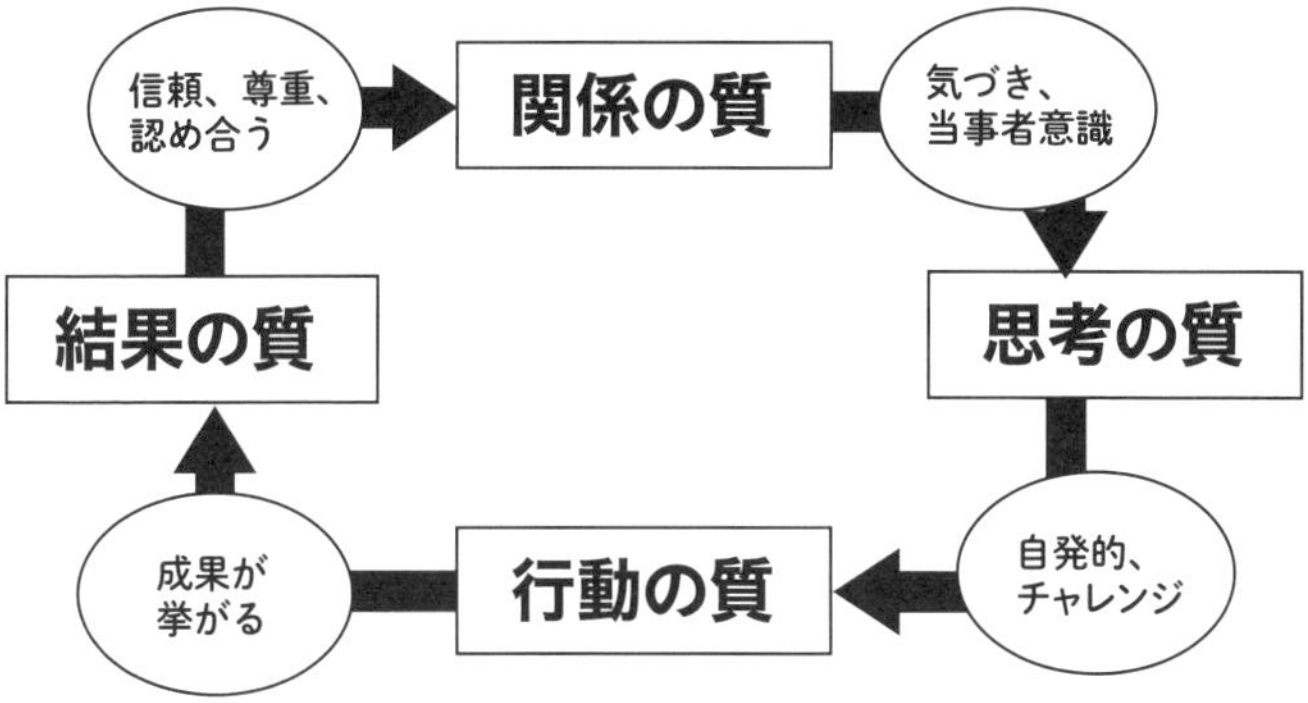

バッドサイクル

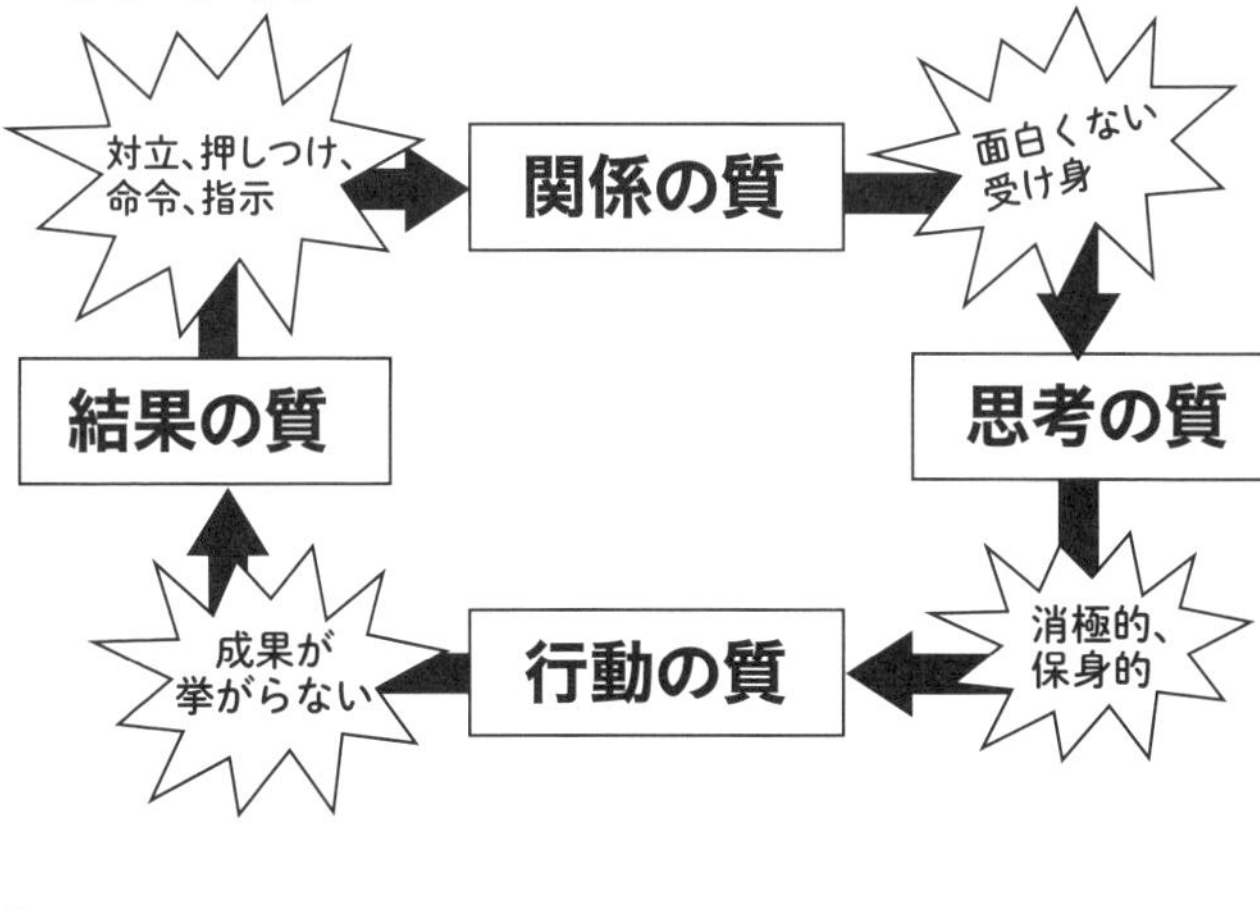

“Organizing for Learning : Strategies for Knowledge Creation and Enduring Change” by Daniel H. Kim の図を元に作成

一緒に働く職場の仲間が信頼できて（他者信頼）、職場に貢献しようと考えて行動し（他者貢献）、結果的に成果が挙がり、職場のみんなでそれを分かち合う。そして、そういう職場で働けることが喜び（自己受容）になるわけです。

一方、結果を求めるがあまり、部下のできていないところばかりが目につくようになり、指示、命令、ダメ出ししてしまうとどうなるでしょうか？　職場はギスギスし始め、部下は「ダメ出しされないように、失敗をしないように」と考え行動するようになり、結果がなかなか出なくなります。この状態を、キム教授は**「バッドサイクル」**と名づけました。鬼上司時代の私の職場は、まさしくバッドサイクルに陥っていたのだと思います。

私の職場の成功循環サイクル

組織の成功循環サイクルについて、私の経理部の事例をお話しします。

私が部長に就任した当時の経理部は、部としてのパフォーマンスがなかなか上がらない状態でした。少なくとも経営陣を含めた周りからの評価は必ずしも高くない状態でした。

私の前任者は、焦っていたのでしょう。この状態を打破するために、部下たちに指示、命令、ダメ出しをし続けたのです。

その結果、部の雰囲気はさらに悪化していきました。多くの部下が上司の顔色を窺うようになっていました。一生懸命頑張っても評価されない状態にやる気を失くしているスタッフ、体調を崩してしまったスタッフもいました。

私には、前任者の気持ちが痛いほどわかります。鬼、冷徹人間と言われていた時代の私であれば、同じようなマネジメントをしていたに違いありません。あるいは、それ以上に厳しいマネジメントをしていたかもしれません。

ただ、多くの部下が自信を失くし（自己受容の低下）、どんよりとした空気が漂うこの部署を何とかするのは、新しくリーダーとなった私の責任です。

そこで、部長になった私が最初に行ったことは、経理部員全員の頑張りをねぎらうことでした。

「残念ながらみんなの頑張りが結果に表れていない。少なくとも周りにはそれが伝わっていないのは、本当に悔しい。この状況を何とかしたい。みんなが頑張ってきたこと、そして結果を出せることは私がいちばんわかっている。みんなで協力して、この状況を変えていこう」と伝えたのです。

そして、部下一人ひとりと毎月時間を取って対話を続けました。一人ひとりがどんな想いで仕事に取り組んでいるのか、何を大切にしているのか、今までどんな気持ちで頑張ってきたのか、みんなの声に耳を傾けたのです。

ただ部下からの声を聞くだけでなく、私が何を大切にしていきたいのか、どんな部をつくっていきたいのか、事あるごとに私からのメッセージもみんなに発信し続けました。

このようにして、信頼関係を構築していったのです。

経理部のみんなの表情が明るくなっていくのにそんなに時間はかかりませんでした。

次第にみんなで協力し合うようになっていったのです。

それから3年後。

私たち経理部は、働きがいに力を入れる会社の中で、**「最も働きがいのある職場ランキング」1位**に輝くことができました。

ただ単に、働きやすい明るい職場になっただけでなく、社内で順位を競う目標管理ランキングにおいても毎年首位になるようなパフォーマンスを発揮するようになったのです。

もはや社内でお荷物的な扱いを受けていた面影は一切ありません。

疑問②
部下の良い点に注目すると言うが、ダメ出しが必要な場合もあるのでは？

「原因論」の話をすると必ず聞かれるのが、悪いところ、できていないところを指摘してはいけないのかということです。仕事である以上、できていないところを改善するのは当然ではないかという意見です。

ここで申し上げたいのは、部下の悪いところ、できていないところを指摘（以下**「ダメ出し」**という表現にまとめます）してはいけないということではありません。ただ、ほとんどの場合、部下にダメ出しをすると、「共同体感覚」が下がり、部下のやる気もダウンし、パフォーマンスも下がっていく危険性が高いのです。

ですから、部下にダメ出しをする場合は、そうならないような配慮が必要です。

では、どのような配慮が必要なのでしょうか？　3つのステップで考えてみましょう。

ステップ1　本当にダメ出しが必要なのか？

そもそも本当にダメ出しが必要なのか、再考してみることをおすすめします。人間誰しもダメ出しされることは気持ちのいいことではありません。しなくて済むのなら、可能な限りダメ出しはしないようにしたいものです。

まずは、なぜダメ出しをしようとしているのか、自分に問うてください。リーダーに往々にしてあることは、「自分が部下よりも優れていることを誇示したい」という欲求が生じることです。特に、リーダーになりたての頃は、そのような気持ちが芽生えて当然だと思います。

「リーダーとしての力を示したい」。その気持ちが、本来なら指摘しなくてもいいような些細なことでもダメ出しすることに駆り立ててしまうのです。

鬼と言われた頃の自分自身を振り返ってみても、「部下の成長のため」「より良い成果のため」という大義名分の裏に、自分の能力を誇示したいという気持ちがどこか心の片隅にあったように思います。このダメ出しという行為を、上司の特権のようにしないことが肝心です。

ステップ2　部下は自己成長にどれだけ意欲的か？

次に、仕事と向き合う部下の姿勢はどうでしょうか？

自己成長のためにどれだけ意欲的かによって、ダメ出しをどう受け止めるか、受け手側の捉え方が変わってきます。

自己成長に意欲的、貪欲な部下であれば、上司からのダメ出しは、自己の成長の機会として受け止めることができます。

一方、自己成長したいという意欲がそこまでない部下は、「なんで自分がそこまで言われなくてはいけないのか」と、自尊心を傷つけられたように感じてしまったり、自分自身の存在が否定されているかのように受け取ってしまうこともあります。そのような部下に繰り返しダメ出しすると、上司と仕事を続けることが苦痛になり、他部署に異動したり転職したりチームを離れていくことにつながったりします。

このように自ら動くタイプはまだいいでしょう。上司からのダメ出しが原因で、メンタル不全など体調を崩す部下も現れてきます。

実際、私の鬼上司時代は、離職率が高く、中途入社した部下が1ヵ月で辞めてしまったこともありました。

ステップ3　部下との信頼関係は構築されているか？

そして、あなたと部下の信頼関係はどうでしょうか？

たとえ成長意欲が高い部下であっても、ダメ出しというのは、言われた側にとっては気持ちのいいものではありません。

そこで重要になるのが、上司と部下の信頼関係です。

「この上司が言うことなら間違いない」「この上司なら自分の成長のために言ってくれている」と部下が思えるような関係性を築いているでしょうか？

そして、ダメ出しの伝え方も大切です。関係性にあぐらをかいて、受け手に配慮のない、愛のないダメ出しを続けていると、信頼関係が壊れてしまうこともあるからです。相手は心を持った生身の人間なのですから。

業務上指摘すべきことを伝える際のポイント

ただし、これまで述べてきたような部下の成長意欲や信頼関係の有無にかかわらず、業務上指摘しなければいけないことも多々あります。

そういう場合は、上述のステップ1〜3の確認に加えて、次のような配慮が必要です。

---

① 成果物の優れているところから伝える。

② この仕事の目的、目指すべきところを再確認する。ここで上司と部下の認識にズレがあるようなら、ゴールを再共有する。(目的・ゴールの認識のズレがミスコミュニケーションの最大の原因の一つなのです)。

③ その上で、②の状態に到達するためにさらにできることはないか一緒に考える。

---

④③において部下から意見が出てこないようなら、上司の意見として提案する。

ここでのポイントは、あくまでも目的を達成するために、さらに改善できることを考えるという、この行為自体の目的をしっかりと認識することです。決して上司が部下にダメ出しをして攻撃することが目的ではないことをしっかりと共有します。

そして、その目的に向かって一緒に考える。つまり、上司と部下の共同作業とするのがいいでしょう。そうすることで、上司は指摘する人、部下は指摘される人という上下の関係から、共により良いものを目指す同志となれるからです。

上司と部下が一枚のキャンバスに向かって、一緒に絵を描いているイメージです。ダメ出しではなく、より良いものを一緒にアイデアを出しながら創っていくイメージです。

これをアドラーは、**「横の関係」**と言いました。

たとえ上司と部下であっても、上司は偉い人、部下は従う人という上下の関係ではなく、お互いに人生の主人公として「横の関係」で関わるということがとても大切な

上司と部下が一枚のキャンバスに向かって一緒に絵を描くのが「横の関係」

のです。

疑問③ 部下が幸せになれるのはわかるが、それで上司は幸せになれるのか？

「そこまで部下の気持ちや感情に配慮して、部下は幸せになるかもしれないが、上司はそれで幸せになれるのだろうか？」

そう思われる方もいらっしゃるかもしれません。

部下が共同体感覚を感じられる「幸せ職場」がつくれれば、上司も幸せなのでしょうか？

はい、間違いなく幸せになれます。

想像してみてください。部下が生き生きと楽しそうに笑顔で仲間と協力しながら仕事をしている職場を。

こんな生き生きとした幸せな職場をつくっているあなたは、部下にとってどんな存在でしょうか？　きっと信頼できる大好きな上司、「この人のためなら頑張ろう」と思える上司であるに違いありません。

そんなふうに部下に思ってもらえるあなたは、自分に自信が持て、一緒に働く仲間を信頼できて、そんな職場をつくった貢献感を十分味わっていることでしょう。

手前味噌になりますが、社内で「最も働きがいのある職場」１位に輝いた職場の部門長である私が、職場の中でいちばん幸せなのではないかと思うぐらい充実感を感じています。

それもそのはずです。一緒に働く仲間が幸せだと思えることに貢献できているわけですから。上司は大変な役割だと思いますが、それだけに喜びも人一倍大きい、やりがいのある役割なのです。

自分に矢印が向いていた鬼上司時代

いかにデキるビジネスパーソンになるか——？　鬼上司時代の自分は、完全に自分に矢印が向いていました。

デキるリーダーだから、部下も仕事がデキて当たり前、チームとして結果を出して当たり前。出発点はすべて自分自身のパフォーマンスだったのかもしれません。

部下の指導も自分自身の一つのパフォーマンスだったように思います。

そういう意味では、自分自身に意識が向くメガネをかけていたのです。

頑張って自分自身のパフォーマンスを上げていく——プレイヤーならそれでもいいのかもしれません。

ただし、そのメガネをかけたままでリーダーになると、鬼時代の私のように不幸な職場をつくってしまう可能性が高いでしょう。

幸せな職場をつくるリーダーは、**矢印が外に向いています。**

一緒に働く仲間がいかに幸せに働けるか、仕事にやりがいを感じられるか、自分らしさを発揮できるか。一緒に働く人たちの喜びが自分自身の喜びでもあるわけです。

自分に矢印が向いているときの喜びを1とすると、どうでしょう。仮に30人の部下と働いて、それぞれの部下の喜びが自分のことのように感じられたら、**30倍の喜びを得られることになります。**

上司というのは大変な役割ですが、それだけに得られる喜びも大きいのです。

これが、私がマネジメントに魅了されてしまった理由の一つかもしれません。


私は毎月、部下全員と個別面談を行っています。そこでは、現在抱えている仕事の課題から、「そもそも自分はどうなりたいのか」「何を大切にしていきたいのか」という自分軸に関する課題、はたまた恋愛の相談まで、何でも部下の話を聞くことにしています。

私との対話を重ねていくなかで、自分軸が明確になってモヤモヤが消えていき、仕事にやりがいを持って臨めていると笑顔で話してもらえるときは、最高に嬉しい瞬間です。

「小林さんが話を聞いてくれたからです。この会社に入ってよかったって心から思いますし、本当に感謝しています」

こういううれしいフィードバックをいただくこともあります。

鬼、冷徹人間というフィードバックからは、想像もできないフィードバックです（笑）。

プレイヤーか？　マネージャーか？

私がいただく質問の一つに、「マネージャーとしてキャリアを形成していくべきなのか、プレイヤーとしてやっていくべきなのか悩んでいます」というものがあります。

私の答えは、「どちらでもよいと思います」というものです。

本当にどちらでもよいと思っています。

それに正直なところ、向き不向きもあると思っています。

担当者として、自分の責任範囲をしっかりやるほうが向いている方もいます。そういう方をリーダーに任命すると、リーダーにとっても部下にとっても不幸なことが起こってしまいます。これは任命されたリーダーの責任ではなく、任命する側の責任だと思います。

リーダーシップには、いろいろな形・スタイルがあってよいと思いますが、リーダーに向いているかどうかは、また別の問題だと思うのです。

「名選手、名監督にあらず」という言葉がありますが、その言葉のとおり、選手として求められる能力と、監督として求められる能力はまったく違います。

ですから、スポーツの世界で、名選手が監督としてはまったく成果を残せないということは不思議なことではないと思います。

スポーツほど極端ではないと思いますが、ビジネスの世界でも同じことが言えます。

優れた職場リーダーは、ビジネス能力と対人関係能力、共に優れたバランスの取れたビジネスパーソンです。リーダーに昇格するような方は、ビジネス能力は問題のない方が多いと思いますが、課題となるのは**「対人関係能力」**でしょう。

結果の質を左右するのが、「関係の質」だという組織の成功循環サイクルを考えれば、どれだけ「対人関係能力」が重要か理解できると思います。

プレイヤーからマネージャーへと役割が変わる方たちにお伝えしたいのは、「今まで経験してきた世界とまったく違う世界に足を踏み入れていく」ということです。部下の成長や人生にも影響を及ぼすような重責を担う役割です。責任が重いからこそ、やりがいや喜びもそれ以上に大きいのです。

私のメンター的存在でもある、シンクタンク・ソフィアバンク代表の田坂広志さんは、著書『なぜ、我々はマネジメントの道を歩むのか』（ＰＨＰ研究所）の中で、

マネジメントとは、部下や社員の人生を預かる立場。
重荷を背負い、悪戦苦闘する立場。
しかし、その重荷を背負って悪戦苦闘するからこそ、成長できる。

気がつけば、職場の誰よりも、自分が一番成長させていただける。

と述べています。また、田坂さんは、「マネジメントの本質は、究極、『心のマネジメント』なのだ」と言っています。だからこそ、

マネジャーとは、「心の力」を磨くことのできる、素晴らしい役割。
相手の心を細やかに感じ取る力、相手の心に細やかに働きかける力。
そうした「心の力」を磨くことのできる、素晴らしい役割である。

とおっしゃっています。

仮に40歳でマネジメントの道に進むのか、プレイヤーとしてキャリアを形成していこうか迷っているとしたら、私個人としては、マネジメントの道を進むことを強くおすすめしたいと思います。なぜなら、マネジメントの世界は、残りのビジネス人生をかける価値のある領域――仮に70歳まで働くとすれば、残り30年をかけて追求してい

くだけのやりがいと面白みのある世界――だと思っているからです。

プレイングマネージャーほど注意が必要

さらにいただく質問に、「小林さんのような大企業ではなく、私が勤める小さな会社では、マネージャーに特化できるわけではなく、プレイヤーとしてやらなければならないことも多いのです。そういう場合は、どのような考え方をすればよいのでしょうか？」というものです。

私もリーダーになってからしばらくはプレイングマネージャーでしたので、その大変さはよくわかります。まだ年齢的にも若く体力があったから乗り越えられたと思いますが、その当時が今までのキャリアの中でいちばん働いた時期で、肉体的にもつらかった時期でした。そして、その時期のほとんどが鬼上司時代でもありました。

正直なところ、プレイングマネージャーは、注意が必要です。

なぜなら、**どうしてもプレイヤーの自分が顔を出してしまう**からです。

リーダーとして、部下の成長を見守るという立場よりも、同じプレイヤーとして、「どうしてこんなこともちゃんとできないの」と部下を責めたり、文句の一つも言いたくなってしまいます。

そして、肉体的な負担も大きくストレスフルな状態であるため、寛容さがなくなり、感情的になりやすい状態でもあります。

また、特に対人援助職にありがちなことなのですが、人を援助する自分自身がバーンアウトしてしまう危険性があります。

まずは、上司自身が心身ともに良い状態であることが大切です。

上司が良い状態であるから、部下の心のケアまでできるのです。

ですから、一緒に働く仲間のためにも自分のためにも、上司自身の心と身体のメンテナンスを心がけていただきたいのです。

そして、小所帯でプレイングマネージャーというリーダーにおすすめしたいのは、そういう状況であっても、「いかにチームの関係の質を向上させていくことに時間を割けるか？」をリーダーとして優先的に考えるということです。ここに時間を割けるかどうかが分水嶺となります。

「ただでさえ忙しいのに、業務以外のことに時間を割けるわけがない」と思われた方もいらっしゃると思います。まさしくそのとおりだと思います。

そのためにも、今行っている業務を見直すなど、「関係の質」を向上するための時間を捻出するための活動が必要になります。

何かを得ようと思えば、そのためのアクションが必要です。

少し時間はかかりますが、いったん関係の質が向上し、グッドサイクルが回り始めれば、チームのパフォーマンスが上がり、部下の成長意欲も高まっていきます。この流れに乗って、部下に自分の仕事を少しずつ任せていきましょう。部下にとっても、ひとつ上の仕事にチャレンジすることで成長の機会になりますし、リーダー自身がマネージャーとしてやるべきことにさらに時間が割けるようになって、ますますチームのグッドサイクルが回り始めます。

第5章 まとめ

職場の幸せ、部下の幸せを徹底的に追求しましょう。リーダー自身も幸せになり、職場の生産性もアップします。

第6章

「幸せ職場」のつくり方 ステップ1

リーダーとしての想いを明確にする

組織は船、リーダーは船長。そして大海原を航海するために

私たちリーダーは最終的に成果を挙げることを求められるわけですが、**「部下一人ひとりが共同体感覚を持てる『幸せ職場』をつくること」**が成果にもつながるのだと、前章を通じて共感いただけたのではないでしょうか。

それでは、実際どのように幸せな職場をつくっていけばよいのかを考えていきましょう。

私は、組織の共同体感覚を強めていくための適切なステップがあると考えています。

そのステップとは、次ページのとおりです。

これらのステップ1〜4を、どのように具体化すればよいのでしょうか?

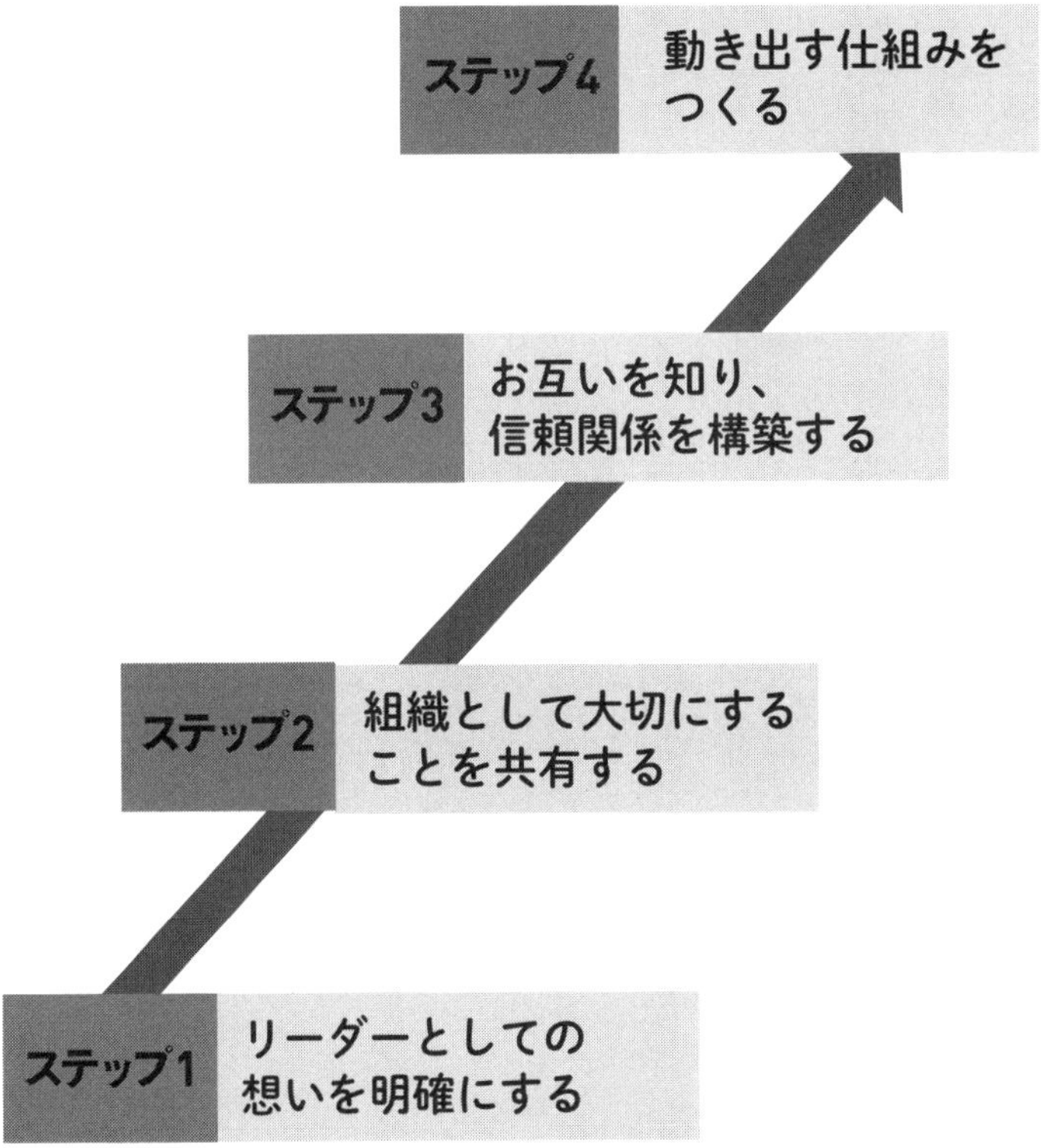
ステップ4
動き出す仕組みを
つくる
ステップ3
お互いを知り、
信頼関係を構築する
ステップ2
組織として大切にする
ことを共有する
ステップ1
リーダーとしての
想いを明確にする

私が試行錯誤しながら取り組んできた事例を交えながら、お話ししていきたいと思います。

ステップ1

リーダーとしての想いを明確にする

「どんな職場をつくりたいのか?」を自問した上で、仲間に発信する

組織は船に例えられることが多いのですが、そのとおりだと思います。
組織は船、職場のリーダーは船長と同じ役割を果たしているのです。
リーダーは、経済環境の変化、事業存続の危機、上司からの厳しいノルマ、部下の

失敗、お客様からのクレーム……挙げきれないほどの困難と言えるような状況に遭遇します。そういった荒波を乗り越えながら、目指す港まで全員を連れていく責任があります。

では、リーダーが踏むべき最初のステップとは何でしょうか？

それは、

「リーダーとして自分はどんな職場をつくりたいのか？＝どういう船にしたいのか？」

「みんなでどこへ向かいたいのか？＝目指す港はどこなのか？」

「それはなぜなのか？＝なぜそのような航海をしたいのか？」

こういった部分のイメージを固め、船員たちに伝えることです。

船の乗組員の立場となって考えてみましょう。

「船長は私だ」ということ以外に詳しいことが伝えられないまま、その船に喜んで乗りたいと思うでしょうか？　行き先がどこかもわからずに船が進み続けたら、その船に乗り続けたいと思うでしょうか？　どんな航海をしたいのかを知らないまま船長に「面舵を切れ」「やっぱり取り舵だ」と指図されて、迷いなく全員で力を合わせられるでしょうか？

……乗組員にとって、これほど不安なことはありません。

ですから、まずはあなたの想いを言葉にしてみることから始めるのです。

そして、乗組員にあなたの想いを伝え、「この船に一緒に乗りたい」と思ってもらうことです。

この時点で特に大事にしたいのは、**「なぜそのような航海をしたいのか？」の「～Why?～」の部分**です。あなたの掲げる「Why?」に共感するからこそ、乗組員の気持ちがひとつになり、チームとしての一体感を醸成することができるからです。

では、あなたの想いをどのように言葉にしていけばいいのでしょうか？

私が想いを固める上で問いかけてきた質問項目を紹介させていただきます。

このステップ1の段階で、美しく整理された言葉にする必要はありません。良い意味で「叩き台」「第一次案」と捉えてください。

また、次のステップ2で、あなたの想いに職場のみんなの想いを重ねていきますので、「自分一人だけで作業するのはどうなのかな？」と躊躇する必要もありません。

では、152ページからの「リーダーのための7つの自問」をご自身に投げかけ、あなたの想いを固めていきましょう。記入欄には「感謝」「みんなの笑顔」「出し切る」など、キーワードだけを書き込めば十分です。

なお、

・映像を思い浮かべる（例：○○さんが笑っていて……、△△さんと楽しそうに話していて……）

・自分自身の感情や表情の変化を感じる（例：熱いものがこみ上げてくる、思わず笑顔になってしまう）

といったことを大切にしながら考えてみると、とても良い自問ができると思います。

自問することで、「あ、自分は本当はこんな職場をつくりたかったんだ……。なのに今まで相反することをやってきていた」と、ハッと気づく人も多いのではないでしょうか。

「リーダーのための7つの自問」

【自問①】
今の仕事を始めようと思ったきっかけは？当時どんな想いで仕事をしていたか？

長い間仕事を続けていると、そもそも自分はどうしてこの仕事をしようと思ったのか、原点となる想いを忘れてしまいがちです。

あらためて、どうしてこの仕事をしようと思ったのか、この仕事を通じて何を成し遂げたいと思っていたのか、思い出してみましょう。

記入欄

【自問②】

これだけやっていていいのなら給料も要らない
――そう思えるほど好きな仕事は何か？　なぜその仕事が好きなのか？

寝食を忘れるぐらい没頭できること、好きなことには、あなたをそこまで引き付ける何かがあるはずです。

そのあなたを魅了する「要素」を今のリーダーという役割に組み込んでいけないでしょうか。きっとあなたのマネジメントがパワフルになるに違いありません。

記入欄

【自問③】

今までやってきたなかで、「もうこれだけはやりたくない」と思う仕事は何か? どうしてその仕事が嫌なのか?

常にポジティブでなければならない、ネガティブな感情は持ってはいけないような風潮を感じることがあります。

人間ですから、誰しもネガティブな感情を持つのは当然のことだと思います。そのネガティブな感情の裏には、本当はこうしたかった、こうありたかったという「肯定的な意図」が含まれているはずです。

ネガティブな感情は、本当は何を大切にしたかったのか、自分自身の大切にしたい「価値観」に気づくヒントにもなるのです。

記入欄

【自問④】

今まで仕事をしてきたなかで尊敬できる人は誰か？
その人のどんなところが尊敬できるのか？

必ずしも一緒に仕事をした人でなくてもいいと思います。坂本龍馬や吉田松陰など歴史上の人物でもいいですし、稲盛和夫さんや孫正義さんなど現在ご活躍中の経営者でもいいでしょう。

その人のどんなところに惹かれるのか、自分が大切にしていきたいことのヒントが見つかるでしょう。

記入欄

【自問⑤】

今まで仕事をしてきたなかで、あんなふうにはなりたくないと思うのは誰か？
その人のどんなところが嫌なのか？

いわゆる「反面教師」と呼ばれるものです。プラスであってもマイナスであっても、感情が動くところには、自分が大切にしたい「価値観」があります。
どんな相手からでも、人は学べるということです。

記入欄

【自問⑥】
自分にとって、仕事をしていく上で大切にしたいことは何か？

そもそもどうしてこの仕事をやりたいと思ったのかという原点から、好きな仕事、嫌いな仕事、尊敬する人、反面教師と、いろいろなことを振り返ってきました。あなたが仕事をしていく上で大切にしたいことを、思いつく限り書き出してみましょう。

記入欄

【自問⑦】

どんな職場をつくりたいのか？　その職場には、誰がいて、どんな表情で、どんなことを言っているのか？　その職場は周りの人たちにどんなふうに映っているだろうか？　理想の職場を見て、自分自身はどんな気持ちになるだろうか？

スティーブン・R・コヴィー曰く「成功は2回作られる」そうです。
1回はあなたの心の中で、もう1回は現実のものとして。
あなたがつくりたい理想の職場はどんな職場ですか？
思い浮かんだまま、自由に書き出してみましょう。

記入欄

いかがでしたか？

①〜⑦まで記入し終わったら、記入欄を振り返り、特に大事にしたい言葉に◯印をつけてみましょう。

そして、それらの言葉を使いながら、「リーダーとして自分はどんな職場をつくりたいのか？＝どういう船にしたいのか？」「みんなでどこへ向かいたいのか？＝目指す港はどこなのか？」「それはなぜなのか？＝なぜそのような航海をしたいのか？」を、日常のさまざまな場面で職場の仲間たちに発信してみましょう。

そして、仲間たちが「この船に乗りたい」という共感の反応を見せるのか、「この船には乗りたくない」という拒否の反応を見せるのか――彼らのリアクションを見ながら想いを固めていき、あなたの想いと仲間の想いが重なる部分を探しておきましょう。

まずは、これがステップ1となります。

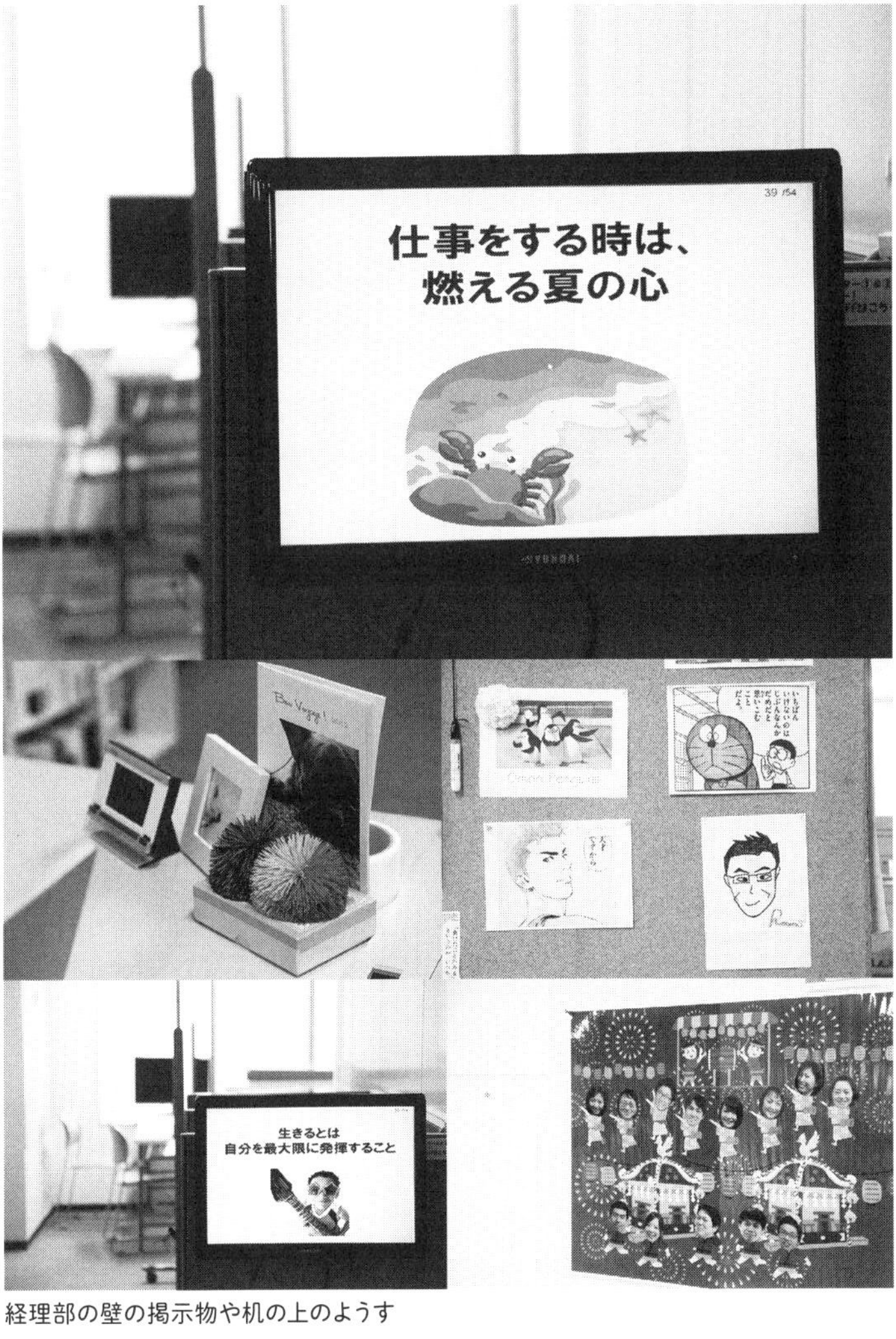

経理部の壁の掲示物や机の上のようす

第6章 まとめ

職場は船、リーダーは船長。
「なぜそのような航海をしたいのか？」
を特に大事にしながら想いを固め、
仲間に発信していきましょう。

第7章

「幸せ職場」のつくり方 ステップ2

組織として大切にすることを共有する

ステップ2

組織として大切にすることを共有する

ミッション、ビジョン、バリューズ、行動指針を作ろう

ステップ1は、「リーダーとして自分はどんな職場をつくりたいのか?＝どういう船にしたいのか?」「みんなでどこへ向かいたいのか?＝目指す港はどこなのか?」「それはなぜなのか?＝なぜそのような航海をしたいのか?」を、リーダーは日常の場面で少しずつ発信し、共有を図っておく――というものでした。

次のステップ2では、組織として大切にするものを具体的な形（ミッション、ビジョン、バリューズ、行動指針）にしていきます。

●ミッション（使命：自分たちの存在意義）

●ビジョン（展望：将来のなりたい姿）
●バリューズ（価値観：在り方、大切にしたいこと）
●行動指針（行動、活動の拠りどころとなるもの）

これらを作らないまま淡々と仕事を進めるということは、船長が何も言わずに「全員の配置と役割」「一日のスケジュール」「達成すべき数値目標」「守るべきルール」などを書いた紙を配り、「この紙に従うように」とだけ言っている――残念ながら実際に多くの企業で行われていることですが――ようなものです。これでは部下のやる気が出るどころか、一刻も早く船から降りたくなるのも当然です。

そこで、幸せな職場をつくるという観点から、ミッション、ビジョン、バリューズ、行動指針の作成のポイントとなる点をお伝えしていきます。

上司と部下、全員の意見を反映しながら作っていく

ステップ1を通じて、リーダーのあなたの想いは、ある程度固まっていることと思います。そして、あなたがどんな想いを持っているのか、部下全員に伝わるように表明していることと思います。

ここまで地ならしができたら、**上司と部下、全員の意見を反映しながら作っていきたい**ところです。

なぜなら、このステップ2は、「組織全体で大切にしたい考え方」「なりたい姿」を決める作業だからです。そして、この作業を通じて「一人ひとりが職場の主人公なのだ」ということを共有したいからです。

ちなみに、「コンサルタントあるいは経営企画室主導で経営理念を作り、それをホームページにのせ、社員にカードを配る」といった形で他の誰かの手に委ねる方法は、どうでしょうか？　たしかに見栄えのいいものはできるのですが、正直おすすめ

しません。なぜなら、形だけ取り入れても、残念ながら機能しないからです。作ったものに魂を吹き込む作業が必要だからです。

よく「経営理念を作って壁に掛けて満足する」という笑い話のような話を聞きます。けれども、これは笑い話でも何でもなく、多くの企業で実際に起こっていることなのです。

では、どのように作っていけばいいのでしょうか？　詳しい作り方については、『ビジョナリー・リーダー　自らのビジョンを確立し、組織の成果を最大化する』（北垣武文／ダイヤモンド社）、『ザ・ビジョン　進むべき道は見えているか』（ケン・ブランチャード／ダイヤモンド社）、『ビジョンマッピング　やる気を創る技術』（吉田典生／ＰＨＰ研究所）などの良書があり、詳しい説明がなされていて、とても参考になります。

基本的には、

①リーダーが「日頃、皆さんと話している『この職場で大切にしたいこと』をあらためて言葉にしたい」という旨を説明。

←

②その上で、リーダーが自分自身で仮作成した、ミッション、ビジョン、バリューズ、行動指針を紙にまとめて提示する。

←

③提出期限を設け、リーダーの仮作成物をベースに、よりしっくりくる単語、加えたい単語を一人ひとりに考えてもらう。そして、紙に書いて提出してもらう（一部の人の発言が強過ぎる場合は氏名を書かずに出してもらうほうがよい）。

←

④後日全員で集合。提出された単語をホワイトボードなどに書き出す。そして、検討し、全員で納得できるミッション、ビジョン、バリューズ、行動指針を作り上げていく。

←

⑤半年、1年など期間を決め、定期的に内容の見直しを行っていく。

という流れになるかと思います。

作成する上でのポイント

それでは、ミッション、ビジョン、バリューズ、行動指針、それぞれを作る上でのポイントを見てみましょう。

ミッション

ミッションとは、「自分たちは何のためにここに集い、どんな役割を果たしていくのか？」という、組織が目指す方向性を示すものです。

ミッションを決める上で重要なのは、方向性を明確にしながらも、どのようにそれを実現していくかは、組織の構成員それぞれが柔軟に考えられるような抽象度に止めておくということです。

【抽象度が低く具体的な例】

「本当に良い服、今までにない新しい価値を持つ服を創造し、世界中のあらゆる人々に、良い服を着る喜び、幸せ、満足を提供します」

これは、あるアパレル企業のミッションの一部です。「服」を通して、社会に貢献していくことが明確です。ここまで明確に謳っていれば、自分たちは何に注力すべきか、すべての従業員に明確に伝わります。

その半面、ここまで具体的に明確に表現すると、「服」以外の手段は選択肢から外れていくことになります。

それを補完するためなのか、同社のミッションには続きがあります。

「独自の企業活動を通じて人々の暮らしの充実に貢献し、社会との調和ある発展を目指します」

これで、「服」以外にも、「人々の暮らしの充実に貢献」することであれば、同社の事業のターゲットになり得ることが従業員にも伝わります。

これは、あくまでも私の憶測ですが、当初は前半の「服」に関するミッションしかなかったものの、「服」を超えて事業を展開させたいという思いが広がり、後半の文章を加えたのではないでしょうか。

企業のステージによって、ミッションも変わってくるということだと思います。

【抽象度が高過ぎる例】

「世界中のすべての人々とビジネスの持つ可能性を最大限に引き出すための支援をすること」

これは、ある世界的な企業のミッションです。

ビジネスをワールドワイドに展開していくという方向性は明確ですが、表現の抽象度があまりにも高いために、ありとあらゆるものがミッションの対象となり得る可能性があります。あえてこのように抽象度を上げることで、従業員に先入観を持たせず、思考の範囲を広げたいという目的があるのならいいと思います。けれども、そうでないとすれば、自分たちが何をもって社会に貢献していくのかが、従業員に伝わりにくい可能性があります。

【程よい抽象度の例】

「情報革命で人々を幸せに」

さて、このミッションは、どこの企業でしょうか？

孫正義氏率いる、ソフトバンクグループのミッション（経営理念）です。

何をもって社会に貢献していくのか明確でありながら選択の自由度を残した、参考になるミッションではないでしょうか。

同社のミッション、ビジョン、バリューズ、行動指針は、非常にわかりやすく参考になりますので、同社ホームページのＵＲＬを記載しておきます。

http://www.softbank.jp/corp/about/philosophy/

【我が経理部のミッション】

ちなみに、私たち経理部のミッションは次のとおりです。

「数知を探求し、すべての関わりある人を最高の結果に導く」

ビジョン

「会社や組織がどうありたいか？　どうなっていたいか？」を表すものがビジョンです。

ビジョンは、常に追い求める普遍的なものとして表現する場合もあれば、期間を決めて、いつまでにこうなっていたいという策定の仕方もあります。

完成の形は、作り手の意図次第です。

経理部では、部としてのビジョンを作らず、チームごとに3年後のビジョンを策定することにしています。

ミッションで経理部としての方向性を明確にしているので、それを受けてそれぞれのチームで「3年後にどういう状態になっていたいか？」を決め、そのためのアクションプランを策定しています。

ここで留意しておきたいのが、最終的にアクションにまで落とし込まなければ、せっかく作ったビジョンが絵に描いた餅になってしまうということです。

そういう意味でも、活動単位で具体的なビジョンを描くほうが、策定後の活動が展開しやすいと私は思います。

バリューズ

「企業、組織が大切にしたい価値観」、それがバリューズです。

このバリューズに関して、私たちの経理部では**「経理部スタイル」**という呼称を用いています。

第9章でしっかりとお伝えさせていただきますが、私たちの経理部では「経理部スタイル」が職場マネジメントの中心にあります。**「幸せ職場」をつくる上で、とても重要な役割を担っているのがバリューズ**なのです。

さまざまな企業の事例を見ると、バリューズをビジョンの中に盛り込んでしまう例も少なくありません。けれども、実際のマネジメントで機能し、職場の仲間にもわかりやすいので、ビジョンの中に含めてしまうのではなく、バリューズを独立して作成したほうがよいでしょう。

では、好例として再びソフトバンクの内容を紹介しましょう。

【ソフトバンクバリュー】

「努力って、楽しい。」

Ｎｏ．１　挑戦　逆算　スピード　執念

行動指針

「従業員の行動、活動の拠りどころ」となるのが、行動指針です。

行動指針によって従業員の行動が変わっていかなければ、作成しても意味がありません。さまざまな企業の行動指針を見てみると、あまりにも詳細に書き過ぎていて、結局、何を大切にして行動していけばいいのかわからず、具体的な行動変容にはつながらないだろうなと感じるものが多々あります。

ここでもわかりやすいのが、ソフトバンクの行動指針です。

先ほどご紹介したバリューズが、行動指針としっかりリンクしているのです。

・やる以上は圧倒的Ｎｏ．１

・失敗を恐れず高い壁に挑み続ける
・登る山を決め、どう行動するか逆算で決める
・スピードは価値。早い行動は早い成果を生む
・言い訳しない、脳がちぎれるほど考え、とことんやり抜く

ご自身が同社の社員であったらどうでしょうか？

非常にわかりやすく、日常の行動に反映させやすいのではないでしょうか？

しかも、口に出して言いたくなるキャッチーな表現ですよね。こんなふうに使いやすい表現は、「そのやり方でNo．1になれると思う？」など、職場で日常的に使われる〝共通言語〟になっていくのです。


では最後に、これらを策定する上でのポイントをあらためて整理しておきましょう。

①リーダーの想い、部下の想いを取り入れて、全員で作る。

②使う言葉の抽象度を意識的に使い分ける。
③策定後の展開まで考えて作る。
④従業員が口に出して言いたくなるようなキャッチーな表現を取り入れる。
それが職場の〝共通言語〟になっていく。

リーダーとして異動した場合はどうすればいいのか？

企業の中では、ローテーションが行われるのが一般的です。サイクルは企業によってさまざまですが、マネージャーはいずれ別の部署のマネージャーとして異動します。

新しい部署にミッション、ビジョン、バリューズ、行動指針がなければ、全員を巻き込みながら作ればよいのですが、既に存在する場合はどうすべきでしょうか？

（A）自分の色を出したものに作り変える

（B）そのままにする
（C）今あるものの良さを生かして自分の色を加える

私が経理部長に就任した際、選択したのは（C）でした。

新しい職場のリーダーになると、何かと自分の色を出したくなるものです。そして、前任者が作ったものを否定したり、壊したくなります。ですから、（A）を選びたくなる気持ちもよくわかります。

けれども、私が（C）を選択したのは、前任者が作り上げたものや、今まで経理部のみんなが行ってきた活動を尊重したかったからです。過去にやってきたことを否定するということは、みんなの存在そのものをも否定することにつながる可能性があります。私はそれをしたくなかったのです。

そこでまずは、既存のミッションやバリューズがどのように作られ、どのように運用されてきたのか、今までの経緯を確認しました。

すると、

「前任の部長と部員全員が意見を出し合って作成したにもかかわらず、作ってからは残念ながらファイルサーバーの奥底に眠っている」という状態でした。つまり、作成のプロセスは素晴らしいのに活用されていない状態であることがわかったのです。

内容も、みんなで作成したものだけあって、よく練られたものでした。そのため私は、残せるものは可能な限り残すことを大前提に、新しいリーダーとしての自分の想いを反映しつつ、作り変えたほうがよいものはもう一度みんなを巻き込んで作り直していきました。

行動指針はキャッチーなものに

そのなかで、私がひとつだけ抜本的に作り直したものがあります。「行動指針」です。

私が目指したい経理部と既存の行動指針にギャップを感じたこと、そしてみんなが思わず口にしたくなるキャッチーなものにしたかったからです。

そこで、日常の〝共通言語〟として、みんなが口に出しやすいものに作り変えました。

《旧行動指針》

当たり前のことを当たり前にできる
ステークホルダーからの信頼を得る
業務時間の最小化を図る

《新行動指針》

頂点を目指せ！
プロのこだわりを持とう！
ただ闇雲に働くな、スマートに行こう！

経理部では、「もっと高いとこ目指そうぜ！」「プロとしてそれでいいの？　もっとやろうぜ！」といった言葉が日常的に飛び交うようになっています。狙いどおり職場の〝共通言語〟となっているのです。

行動の指針ですから、文字どおりこれをベースにみんなの行動を変えていきたいわけです。そのためには、**全員が合言葉として日常的に口に出して言いたくなる、キャッチーな表現にこだわることが大切**です。

その点では、ミッションも、ビジョンも、バリューズも同じです。ただ作っただけでは何も変わりません。

どのように運用するか、作成の段階からイメージして臨みたいのです。

第7章 まとめ

ミッション、ビジョン、
バリューズ、そして行動指針。
「使うために作る」を念頭に置いて
仲間たちと共に作成しましょう。

第8章

「幸せ職場」のつくり方 ステップ3

お互いを知り、信頼関係を構築する

ステップ3

お互いを知り、信頼関係を構築する

「聞く」「伝える」「フィードバック」で、共同体感覚を強める

仲間のことをよく知らないまま、全員が黙々と配置につき、船が出航する――。そんな船には乗りたくないですよね？

職場も同じです。

配置表に基づいて自分の配置につき、朝から晩まで誰ともひと言も話さず、黙々と、日々、自分のやるべき役割だけをこなして帰る――。そんな職場には誰も行きたくないですよね？　それでは、機械の一部と同じ。想いや個性を持った人間が集い、働く意味が感じられません。そんな職場で、日々ワクワクとやりがいを持って働けるはずがありません。

私は、「仲間」という言葉が大好きでよく使います。同じ職場で働く人たちのことを、仲間だと思っているからです。お互いを知り、信頼関係を構築していく。このステップがあるからこそ、キム教授が言うところの「関係の質」が高まり、組織の成功循環システムのグッドサイクルが回り始めるのです。

組織の「結果の質」を左右するのが「関係の質」であることは先に述べたとおりです（P.121参照）。このステップ3は、「関係の質」に直結する大切なステップです。マネジメントの成否の大部分を握っていると言っても過言ではありません。

そこで、

「聞く」

「伝える」

「フィードバックする」

の3つに分けて、それぞれ説明していきたいと思います。

聞く

部下が上司に対して「共同体感覚」を持てる状態をつくる

では、まず何から取りかかればよいのでしょうか？

チームビルディングという言葉があるように、「職場をつくる」という言葉からチーム全体に働きかけていくイメージを連想する方が多いと思います。けれども私は、上司と部下一人ひとりとのコミュニケーションが「幸せ職場」をつくる最もベーシックなものだと考えています。「幸せ職場」とは、結局のところ「幸せな部下の集合体」であるからです。

まずは部下の一人ひとりが職場で最も影響力のある上司との関係性において「共同体感覚」が持てる状態、つまり、

「上司を前にしても自分のことが好きと言える」（自己受容）

「上司のことが信頼できる」（他者信頼）

「自分はチームに必要な存在だと思える」（他者貢献）

の状態をつくっていくことが、最初に取り組むべき一歩です。部下一人ひとりが人生の主人公として光り輝くことを応援するのです。

部下が上司を信頼できる関係を築く

共同体感覚のなかでも、中心となるのは「信頼」です。部下が「この上司なら」と信頼できる状態を、まずは目指しましょう。

そのために必要なこと、それは「お互いを知る」ということです。

「上司はどんな考えを持っている人なのか？」「自分たちに何を期待しているのか？」「自分たちのことをどう思っているのか？」――そういったことを理解しているから、部下は上司を信頼できます。また、「上司は自分のことを理解してくれている」、あるいは「少なくとも理解しようとしてくれている」――そう思えるから信頼できるわけです。

では、お互いを知るために、具体的に何をしていけばよいのでしょうか？

■お互いを知るために（初級編）

まずは、**部下に関心を持つ**ことから始めましょう。

あなたは部下のことをどれくらい知っているでしょうか？　なかには、年齢すらうろ覚えという方もいるのではないでしょうか？　実際、私がこれまでお世話になった上司のなかにも、部下のことにまったく関心のないように見える上司（少なくとも私にはそう思えました）がいました。部下の年齢、どちらが先輩で後輩か、独身か既婚かも把握していない状態でした。仕事はできる方でしたが、今でも残念に思います。

幸せな職場をつくりたい、部下に幸せになってほしいという思いがあれば、自ずと部下に関心が持てるようになるのではないでしょうか？

とはいえ、そういう思いも少しはあるものの、

「会社であり仕事なのだから、部下の個人的なことは知る必要がない」

「個人的なことを聞いても嫌がられるのではないか」

という考えをお持ちの方もいるでしょう。実際、私もリーダーの職に就いている方から、そのように言われることもあります。

でも、果たして本当でしょうか？

論点①／「会社であり仕事なのだから、部下の個人的なことは知る必要がない」

上司は成果責任を負っているのだから、仕事の進捗と成果に気を留めていれば十分で、部下のプライベートなことは上司には関係ないと考えている方もいるかもしれません。そのように区切りをつけたい方は、恐らく「共同体感覚」の感じられない職場で働いていらっしゃるのかもしれません。

「仕事とプライベート（オンとオフ）を切り替える」と言われますが、働いているときの自分も、職場以外にいるときの自分も、同じ一人の人間です。実際には、切り分けようとしても切り分けることは難しいのです。

「子供が病気で入院した」「親の介護で疲れが溜まっている」など、私たちは職場以外のことも気にかけながら働いています。場合によっては、職場の協力が必要なこともあるでしょう。逆もまた然りです。仕事で嫌なことがあれば、それを引きずったまま家に帰ることもあります。

ですから、上司と部下あるいは同僚同士で、オンオフ両方の状況をお互いに把握している状況のほうが、助け合い、応援し合える職場に近づけるのです。

論点②／「個人的なことを聞いても嫌がられる」

これは、上司がどういう目的、意図で聞いているかによると思います。

まだ信頼関係が構築されていないなかで唐突に個人的なことを根掘り葉掘り聞かれても、聞かれるほうは「何か探られている」あるいは「尋問されている」と感じるかもしれません。

一方、上司と部下の間に信頼関係があり、「自分たちの幸せのために聞いてくれている」と部下が理解していれば、同じことを聞かれても部下は嫌な感じを受けないでしょう。要は、「聞く側の上司がどんな想いを持って部下と向き合っているか?」が、部下に伝わるのだと思います。

ここで絶対に避けたいのは、「操作する」という意識です。本書を読んで「部下の個人的なことを聞くと部下は上司を信頼して言うことを聞くらしい。だったら部下を思い通りに動かすために部下に個人的なことを聞こう」と意図し行動することです。
このような意識は、部下に伝わってしまうものです。プラスになるどころか、逆に信頼関係から遠ざかる結果になります。

青臭いと笑う方もいらっしゃるかもしれませんが、リーダーに最も必要なことは「愛」だ、と私は思っています。一緒に働く人たちに幸せになってほしいという気持ち——それが愛です。

マザー・テレサは言いました。

「愛の反対は、憎しみではなく、無関心です」

そうであるならば、「愛」とはすなわち関心を持つこと。私たちリーダーは、部下に関心を持つことから始めたいものです。まずは、部下のこれまでの学歴や経歴、能力、家庭環境など、いわゆる部下の属性に関心を持つところから始めると関わりやす部下が青い顔をしていたら、どのように感じますか？

いでしょう。

■お互いを知るために（中級編）

部下の属性に関心が持てるようになったら、次は部下が関心を持っていること、つまり**「部下の関心」に関心を持ちましょう**。部下への表面的な理解を超えて、部下の思考や心の中で何が起こっているのか、そのことに関心を示したいのです。

「部下には小学校に上がる子供がいる」――これが、部下に関心を持つレベルだとします。

さらにその先に意識を向け、

「（部下には小学校に上がる子供がいるが）その子に小学校受験をさせるかどうかで悩んでいる」――という内容でコミュニケーションを取るのが、部下の関心に関心を持つレベルです。

自分が個人的に悩んでいることに意識を向け、心境を理解し、気にかけ、そして応援してくれる――。上司が自分の関心事に関心を示してくれたら、部下の上司への信頼は、より強固なものとなっていきます。

「関心を持つ」ではなく、「関心に関心を持つ」って難しそうだな……と感じる方もいらっしゃるかもしれませんね。でも、安心してください。大切なのは「部下を応援したい」という気持ち。これがあると、表面的な理解にとどまらず、どんなことを考え、どんなことに悩み、どんな希望を持っているのか、自ずと関心がいくようになるものです。

■お互いを知るために（上級編）

部下に関心を持ち、さらに部下の関心に関心を持つ関係が築けたら、その次は「部下がどうなっていきたいのか？」「何を大事にしていきたいのか？」といった**部下の自分軸に関心を寄せましょう。**この段階では、部下に寄り添いながら、部下自身が今まで気づいていなかったような、部下にとって大切なものを、部下の内側から引き出していく「コーチング」と呼ばれる関わり方が求められます。
部下の自分軸が明確になり、それを上司が共有することによって、上司と部下の間で目的論的なコミュニケーションが取れるようになります。常に部下の自分軸を念頭に置いたコミュニケーションになり、なぜ上司がこのようなことを言うのか、その理由も伝わりやすくなります。

ただし、「要するに部下に目標を問えばいいのだな」という軽い気持ちで踏み込んではいけません。上司に同じことを聞かれるたびに「目標がないことは悪いことなんだ」と感じて苦しくなり、部下を追い込んでしまう危険性があります。この危険性があるので、上級編なのです。
ここで絶対にやってはいけないのは、次のような関わり方です。

上司「この先どうなりたいと思う？」
部下「それがよくわからないんです」
上司「わからないことはないだろ？」

部下「……」

上司「だからお前はダメなんだ。目標の一つも持てないでどうするんだ。次回までに考えておきなさい」

これは極端な例ですが、鬼上司時代の私はこれに近いことをしていたと思います。部下を追い込んでしまう関わり方になってしまうぐらいであれば、自分軸を引き出すコミュニケーションには踏み込まないほうがよいでしょう。

余談ですが、私は時折、プロコーチ資格を持っているのを知った初対面の方に「以前、コーチング研修を受けた上司から質問攻めに遭って……、それ以来コーチングが苦手なんです」といったことを言われることがあります。質問して答えを引き出すという形だけを真似て、いつの間にか尋問になっていることが大きな理由ではないかと思います。

かなり驚かすようなことを書いてしまい、申し訳ありません。

でも、鬼上司時代の私が犯した過ちを、あなたに繰り返してほしくないのです。

ここまで読んで「部下の自分軸を引き出すには、やはり専門的なコミュニケーション技術を身につけなきゃいけないのか……」と思われた方もいらっしゃるかもしれませんが、決してそうではありません。

大事なのは「部下に幸せになってほしい」と心から願う気持ち、つまり「愛」です。技術の巧拙はほとんど関係ありません。部下への「愛」が根底にあれば、部下を追い込んでしまうことはないのです。

伝える
なるべく全員がそろう場で自己開示する

上司が部下に関心を持つのと同時に、上司自身が部下に自己開示していくことも必要です。

ただし、ここで心に留めておきたいのは、上司が部下に関心を持つことが先だということです。上司が部下に関心を示さず、一方的に自分のことを話しても、部下はほとんど話を聞かないでしょう。アドラー心理学の影響を受けたとされるスティーブン・R・コヴィー氏のロングセラー『7つの習慣』の第5の習慣にも「理解してから理解される」とあります。相手に理解してもらいたいと思うなら、まず自分が相手を理解しようとすることから始める——これがコミュニケーションの原理原則なのです。

上司の自己開示は、**「どの機会に、何を話すのか」**が重要なポイントです。

まずは、どの機会に話すのか、**タイミング**についてです。

最も避けたいのは、部下との1対1の時間に、上司が自分のことを話し続けてしまうことです。部下との貴重な1対1の時間は、可能な限り部下の話を聞く時間にすべきです。

部下の話そっちのけで上司がずっと自分のことを話し続けると、部下は（自分中心な人だなあ……。日頃は部下の幸せが大切とか何とか言っているけど、そんなのは結局ポーズでしかないんだな……）という気持ちになります。言行一致は、上司に求められる、とても大切な要素です。

では、どのようなタイミングが適しているのでしょうか？

それには、やはり全員がそろう朝礼や部会などの場がいいでしょう。上司が自分の考えを伝えるべきときにはしっかりと伝える、部下の話を聞く時間には集中して聞く。この2つを切り分けたほうがいいからです。

相手の立場に立って自己開示する

次に、何を話すのか、**内容**についてです。

小さい頃から学校でさんざん言われた、

「相手の立場になって考えなさい」

という言葉。上司となった今こそ、これを実践するときなのです。

部下は今、何に興味関心があり、上司である私がどんなメッセージを発信することが彼らにとって効果があるのだろうか。と、あくまでも「受け手」にとって意味のあることを発信したいのです。

私には、鬼上司時代の苦い経験があります。自分が良かれと思っていることでも、必ずしも部下が同じように受け止めるとは限らないと痛感しています。

当時の自分は、誰もが自分と同じように、「仕事がデキるようになりたい」「成長したい」と思っていると信じて疑いませんでした。そのため、部下へのメッセージは、「仕事がデキるようになるために何が必要か？」「成長するために何が必要か？」という、自分にとって意味があることに偏っていたのです。

全体ミーティングで毎回のように同じ話をされ、1対1の個別面談でも同じようなことを言われ、さらにダメ出しまでされるのですから、当時の部下はうんざりしていたと思います。にもかかわらず、何度伝えても変化が見えない、反応がない部下に、私は内心イライラしていたのです。そして、「何回言ったらわかるんだ！」「いい加減にしろ！」と心の中で叫んでいました。

「何回言ったらわかるんだ！」――この言葉が出たら危険信号です。

上司がかけているメガネを、部下に一方的に押しつけている可能性があります。

相手の立場に立って考えるためのポイント

では、相手の立場になって考えるにはいったいどうすればいいのでしょうか？
考えるためのポイントをお伝えします。

《①今、部下はどんな状況・心理状態なのか？～相手のNowを想像する～》

例えば経理部であれば、決算の真っ只中で猫の手も借りたいぐらい忙しい状況なのか、決算の大詰めを迎えている状況なのか、決算が終わってひと息ついている状況なのか、状況によって部下の状態や関心も違います。

そこでまずは、部下が今どういう状況にいるのかを踏まえた上で、心理状態を想像してみます。「忙しくてさすがに疲れてきたな」なのか、それとも「忙しいけれど終わりが見えてきたぞ」なのか……全体が発している空気、そして一人ひとりが発している空気を、表情や行動などから感じ取ってみるのです。

《②メッセージを聞いた部下にどう感じてほしいか?〜相手のAfterを想像する〜》

次に、自分が部下にメッセージを伝えた結果、部下にどんな気持ちになってほしいのかを考えます。

「経理部のプライドにかけてもやり抜くんだ」
「上司も応援してくれているし、あともう少し頑張ろう」
「頑張った自分を褒めてあげよう」

など、なってほしい気持ちはいろいろあると思います。どんな気持ちになれば、部下の幸福度は増すのでしょうか?

メッセージは、一緒に働く大切な仲間へ贈るプレゼントです。

《③Now/Afterをもとにメッセージを考える》

例えば、こんなふうに考えます。

【Now】

「忙しくてさすがに疲れてきたな」という気持ち

←でも、あなたが「○○○○○○○○」とメッセージを伝えたことで……

【After】
「経理部のプライドにかけてもやり抜くんだ」という気持ちに変化

あなたが「○○○○○○○○」の中でどんなメッセージを伝えたから、部下の気持ちは変わったのでしょうか？
「君たちにしかできない仕事だから、もうひと踏ん張りしてほしい」「応援メンバーを呼び、僕も手伝うから、みんなで乗り切ろう」「終わったらうまいビールを飲みに行こう！」「必ずできるよ！」……

どんなメッセージかはわかりませんが、あなたのメッセージが部下の幸福度を上げたのなら、そのコミュニケーションは成功です。

何度も言うように、メッセージの内容に唯一の〝正解〟など存在しません。相手の状況や心理状態により、常に変化します。また、全体へメッセージを発信する場合は、単一のメッセージだけでは足りません。例えば「まだまだやれるぞ」という部下と「もうさすがに疲れたよ」という部下が同時にいる状況で発信する場合は、それぞれの心に届く内容を考える必要があります。

リーダーは、コミュニケーションを通して、より良いAfterを部下にもたらす専門家です。瞬間、瞬間で何がベストかを求められ、これでいいというゴールもありません。だからこそ、マネジメントは奥深く、やりがいがあり、面白いのです。

《④伝える前に想像してみる》

実際に部下に伝える前には、自分の中で部下になったつもりで、上司から言われたらどう感じるかシミュレーションしてみるといいでしょう。「冒頭で感謝の気持ちを伝えられると嬉しいな」あるいは「この表現だと責められている気になるな」など、事前に相手の立場になって想像することでメッセージの内容や表現を調整できるからです。

自分の思いを一方的に伝える

受け手のことを考えてメッセージを伝える

「メッセージは、一緒に働く大切な仲間へ贈るプレゼント」と書きましたが、自分が気に入っているものを贈って（自分の伝えたいことを伝えて）、相手が喜んでくれなかった（幸福度が下がった）のでは、プレゼントの意味がありません。大切な仲間だからこそ、何をプレゼントしたら喜ぶか相手の立場に立って十分考え、想像し、届けたいのです。

日頃から「Why?」の部分を大事にして想いを伝える

「売上目標を達成しよう」
「お客様第一を徹底しよう」
「もっと自分で考えて行動しよう」
「日々成長しよう」

これらは、ほとんどの企業で言われていることだと思います。この後に決まって続く上司の言葉があります。

「いくら言っても伝わらない」

「何回言っても部下が変わらない」

一つひとつ上司が発信していることは、どれも正論です。しかし、正しいからといって動かないのが人間です。

よく「人は理屈で動くのではなく感情で動くのだ。**『感動』という言葉はあっても『理動』という言葉はない**」と言われます。

そこがマネジメントの難しさでもあります。仕事ができるビジネスパーソンほど、ロジカルで正論を主張することが多いものです。

優秀であれば優秀であるほど陥りやすい、マネジメントの罠と言ってもいいでしょう。

では、どうすればよいのでしょうか？

ステップ1（第6章）でも述べましたが、あらためて言います。

それは**「Why?」を伝える**ということです。

なぜ売上目標を達成するのか、そのことが自分たちにとってどんな意味があるのか、そのことを伝えたいのです。

その「Why?」に共感するからこそ、部下が動くのです。

この「Why?」を伝えるのに、うまく絡めたいのが、みんなで作成した、ミッション、ビジョン、バリューズ、行動指針です。

事あるごとに、これらを「Why?」と絡めて伝えるのがいいと思います。

例えば、私たち経理部は、経営陣に毎月の業績結果を報告する機会があります。経営陣との真剣勝負の場でもあります。

ですから、その資料を作成するにあたっては、これこそ自分たちのミッションである「数知を探求し、すべての関わりある人を最高の結果に導く」を体現する場であること、そこでどれだけの価値を提供できるかがプロとしてのこだわりであり（行動指針：プロのこだわりを持とう！）、どこまで進化できるか、高みを目指し続けよう（行動指針：頂点を目指せ！）というメッセージを部下に伝えます。

聞いている部下たちの顔も真剣な表情に変わっていきます。そして、部下一人ひとりの表情から「やってやる！」という決意のような力強さが伝わってきます。

このように**「Why?」を語ることで、部下のプロ魂にスイッチを入れていく**のです。

表面的な正論を一方的に伝える上司なのか、常に「Why?」を本質的に考え、伝えてくれる上司なのか、どちらが部下から信頼される上司でしょうか？

言うまでもありませんよね。

上司である私たちは、常日頃から「Why?」をとことん考え、想いを込めて発信していく必要があるのです。

上司は部下より先に〝パンツ〟を脱げ

上司には「部下から一目置かれたい」「さすがリーダーと思ってもらいたい」という気持ちが少なからずあります。

特にリーダーになりたての新米上司ほど、その気持ちが強いでしょう。ほとんどのリーダーが、プレイングマネージャーからのスタートになりますから、プレイヤーとしても部下に負けられないという気持ちが、それを助長させます。その結果、〝デキる上司〟を見せつけたくなることがあります。本人に自覚はないのかもしれませんが、この「見せつけたい」という気持ちが、部下にダメ出しをする要因の一つになっている気がします。

自分自身を振り返ってみても、鬼上司時代の私は、無意識のうちにダメ出しをすることで自分の力を誇示していたのかもしれません。

一方、部下の視点から見れば、仕事がデキる上司であればあるほど、完璧な上司であればあるほど、部下として身構え、萎縮してしまうもの。事あるごとにダメ出しをする上司であれば、なおさらです。

仕事が本当にデキない上司では困ってしまいますが、上司は部下に親近感や安心感を与えるためにも、あえて苦手なことやダメなところを積極的に見せるぐらいのほうが良いのです。**部下は、上司の自虐ネタは大歓迎なのです。**

私は、よく自分のプライベートの話をします。特に一緒に暮らしているフレンチブルドッグの写真を見せながら、犬の話をします。部内では、すっかり犬好きキャラになっています。また、甘いものがどうしてもやめられない、ポテチがとまらないといったイケてない話もします。

一方で、朝4時に起きて、ジムで走ったり、本を何冊も読んだり、週末はコーチングを学びにスクーリングしていること、プロコーチや研修講師として活動していることなども話します。

部長になっても学び続けている姿勢や好きなことに夢中になっている姿をあえて見せるようにしています。

「自己研鑽しなさい」と言うよりも、楽しく自己研鑽している姿を見せる方が、部下にはちゃんと伝わります。「小林さんのようにイキイキと自分の好きなことに打ち込んで、周りの人に貢献できるように自分もなりたいです」と言ってくれる部下もいます。

経営コンサルタントであり、ビジネス書作家である小倉広さんは『上司は部下より先にパンツを脱げ！　リクルートで学び、ベンチャーで試し、社長となって確立した99の仕事術』という本を出されていますが、まさにおっしゃるとおりです。まずは上司から恥ずかしがらずに〝パンツ〟を脱ぐべきです。

上司が個人的なことや失敗談を普段から話していると、部下も自己開示しやすくなります。このような流れで自己開示をしながら相互理解を深めていくことで、部下の上司に対する信頼が構築されていきます。

フィードバックする
上下関係でなく「横の関係」でつながっていること

部下が職場で「自分はチームに役に立つ存在なんだ」という思いを高めていくためには、適切なフィードバックが必要です。

そこで、上司から部下へのフィードバックについて考えていきたいと思います。


上司から部下にフィードバックする——そう聞くと、多くの方が「褒める」を連想されると思います。

「褒めて伸ばす」という表現があるとおり、一般的には「褒める」ことは良いことだと認識されていると思いますが、**アドラー心理学では必ずしも良いとはされていないのです。**

ここで、「うん？　『褒める』を良しとしない、ってどういうこと？」と思われた方もいらっしゃることでしょう。

第4章『勇気づけ』の項（P.106～）で「褒めても叱っても、相手の共同体感覚が強まる関わりであれば、それは勇気づけとなる」と書きました。「『褒める』という行為は良くない」とまでは、あえて書きませんでした。

ここで、しっかりと説明したかったからです。

では、なぜ「褒める」という行為を、アドラー心理学では良しとしないのでしょうか？

それは、アドラー心理学では**「すべての人間関係は『横の関係』であるのがふさわしい」**と考えているからです。上下関係においては、上は権力で下を動かそうという力が働きます。下は、それに従っていればいいという姿勢になりがちです。これは、アドラーが言う「私たちは人生の主人公なんだ」という考え方と相反する姿勢です。

親と子、教師と生徒、社長と新入社員……**単に役割の違いがあるだけで、横の位置でつながっている**——私たちは、一人ひとりが人生の主人公として、お互いが対等な「横の関係」でありたいのです。

この「横の関係」という言葉を踏まえて「褒める」を見直してみましょう。すると、上から下へ評価する、上下関係を象徴する行為であることがわかります。なぜなら、上司が部下に対して「○○さん、頑張りましたね」とは言いますが、社員が社長に「社長、頑張りましたね」とは言わないからです。

ですから、アドラーは褒めることを良しとしないのです。

ただ、なかには、

「関係に上下がないだって？　社長と新入りは対等で、単なる役割の違いだって？　そんなの冗談じゃない。上にいくために今まで下の立場でさんざん我慢してきたんじゃないか！」と憤慨される方もいらっしゃるのではないでしょうか？

今までのことを思えば、その気持ちもよくわかります。「できる仕事のレベル感がまったく違うだろう」と納得がいかない気持ちもわかります。

たとえその気持ちがあったとしても、その負の連鎖をあなたのところで断ち切っていただきたいのです。

上司と部下の関係が「上下関係」に見えるメガネから、「横の関係」に見えるメガネにかけ替える――。これが職場の「関係の質」を向上させ、グッドサイクルを回していくために大切なアクションです。

リーダーに最も必要なこと、それは一緒に働く人たちに幸せになってほしいという気持ち――「愛」だと私は書きました。ここでもうひとつ加えさせていただきます。

それは一緒に働く仲間への「敬意」です。一人ひとりが人生の主人公として尊重されるべき存在なんだという気持ち――それが敬意です。


幸せな職場をつくるリーダーが持つべきは、

「愛」と「敬意」

なのです。

勇気づけのフィードバックをする

私たちが行いたいのは、「褒める」でも「叱る」でもなく「勇気づけ」のフィードバックです。

第4章でも触れましたが、勇気づけとは、共同体感覚が強まる関わりのことであり、グッドサイクルを形成していく行為です。

では、実際に職場でどのように勇気づけしていけばよいのか考えていきましょう。

まず始めに大切なのは、**部下の頑張りをしっかり見る**ということです。

よく「うちの部下は売上もあげられない人間ばかりですよ。頑張っているところを探すっていったって、そりゃ無理ですよ」といった声を聞きます。

この上司は、部下の何を見ているのでしょうか？

売上、つまり「成果・結果」を見ているわけです。成果を挙げることはもちろん必要なのですが、成果・結果というのはいろいろな要因が重なり合って出てくるものなので、必ずしも部下本人がコントロールできることばかりではありません。常に結果を出すことを求めたり求められたりする関係は長続きせず、職場の幸福度は下がってしまいます。

では、成果・結果を見るのではないのだとしたら、何を見ればよいのでしょうか？

それは**「プロセス」**です。

ダニエル・キム教授の提唱した、組織の成功循環サイクルの図を覚えているでしょうか？「プロセス」とは、あの図における「関係の質」「思考の質」「行動の質」の部分を指していると考えてください。

なぜなら、「結果の質」は本人でコントロールしにくい（売上が上がるかどうかは顧客の事情によるところが大きい）けれども、「関係の質」「思考の質」「行動の質」は本人でコントロールしやすい（いいアイデアを考えたり、訪問数を増やしたりは自分次第でできる）からです。

「関係」「思考」「行動」の質が向上すれば、グッドサイクルは必ず加速されます。それに伴って「結果の質」も、たとえ時間差があったとしても、必ず向上するのです。
ですから、結果が良かったときも、伴わなかったときも、常に「関係」「思考」「行動」のプロセスでの取り組みに注目したいのです。そして、以前よりも成長・進化したところに目を向け、フィードバックしていきましょう。
数字など目に見える「結果・成果」ではなく、目に見えにくい「プロセス」における部下の成長・進化をフィードバックする——そのためには、常に部下のことを見ている必要があります。

仲間の成長・進化を、決して見逃さない。

そんなメガネを、私たちリーダーはかけ続けていたいですね。

グッドサイクルを加速する上司の関わり

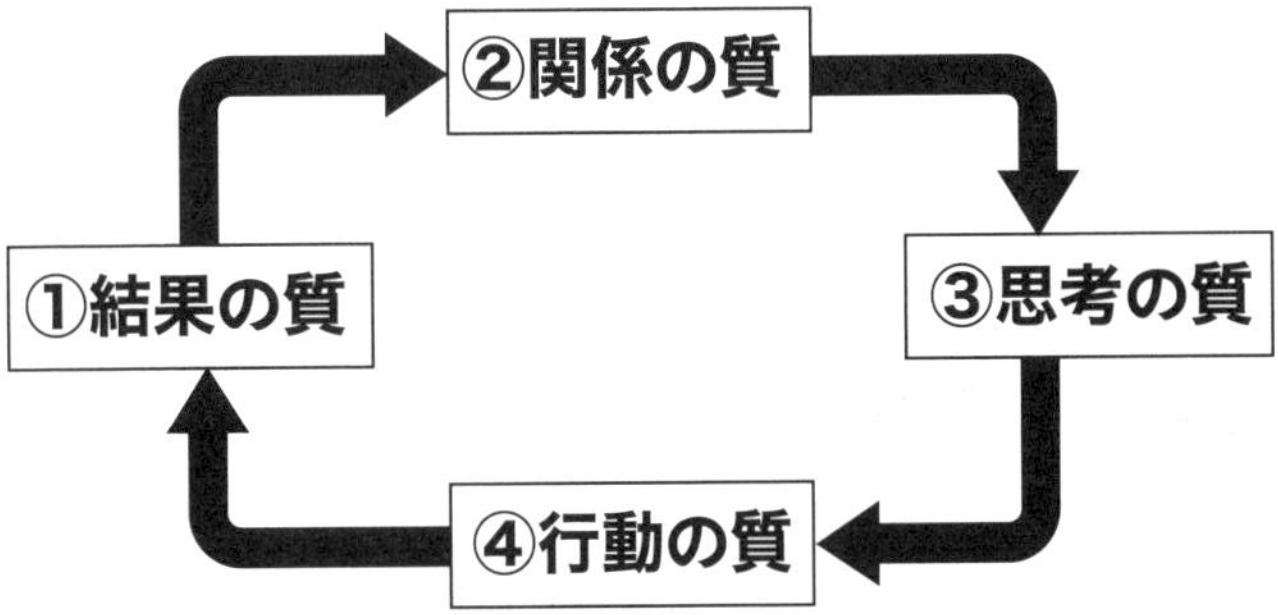

"Organizing for Learning : Strategies for Knowledge Creation and Enduring Change" by Daniel H. Kim の図を元に作成

①結果の質…結果は部下がコントロールできない要因にも左右されやすいので、上司は結果だけにとらわれない。

②関係の質…仲間を尊重したり、一緒に取り組もうとする部下の姿勢を賞賛する。

③思考の質…今までにない自由な発想や独創的な考え方を推奨する。

④行動の質…自発的な行動や前向きなチャレンジは、たとえ結果に結びつかなくても奨励する。

存在への感謝こそが、最大の勇気づけになる

ところで2011年3月11日、みなさんはどこで何をしていたでしょうか？

この日は、忘れもしない東日本大震災が起きた日です。

私は東京のオフィスの自席で仕事をしていました。思い出すと今でも恐怖で心臓がバクバクします。オフィスの壁一面に設置された可動式のキャビネットが、地震の揺れでガシャンガシャンと音を立てながら左右に移動し続けていたのです。このまま建物が崩れるのではないか……、本気でそう思いました。

私たちは普段、会社で仕事をしていることも、家族と一緒にいることも、生きていることも、当然のことのように思っています。けれども、あの日を境に、生きていることは当然ではなく、こうやって何事もなく全員が集まって仕事ができることは有り難いことなんだと思えるようになったのです。

そうなのです。

存在してくれているだけで、有り難いことなのです。

その「存在してくれてありがとう」という気持ちを、部下にも伝えていきたいですね。

毎朝の「おはよう」の挨拶のひと言に、「今日も元気に出社してくれてありがとう」という気持ちを込めたいのです。

部下の存在そのものに感謝の気持ちを伝える――これこそが究極の勇気づけだと私は思います。

お互いの存在を認め合い、「自分はここに存在するだけで、誰かに何かを与えることができる存在なんだ」と一人ひとりが感じ合える場こそが、最高の「幸せ職場」なのです。

フィードバックの伝え方

最後に、フィードバックの伝え方についてもお伝えしたいと思います。

ポイントは**「I（私）メッセージ」**を盛り込むということです。

例えば、部下がある大口の顧客から受注を獲得したとします。上司であるあなたは、どんな言葉をかけるでしょうか？

Aパターン「こんな大口から受注を取るなんてすごいじゃないか！」
Bパターン「僕も自分のことのように嬉しいよ」

どちらも好意的な表現なので、部下としては言われて悪い気はしないかもしれません。けれども、2つの表現には、実は大きな違いがあるのです。

Aパターンは、「あなたはすごい」という、上司から見た評価・判断を伝えています。

それに対してBパターンは、「自分のことのように嬉しい」という、上司の中で生まれた感情を伝えているのです。

コミュニケーション学では、Aパターンを「YOU（あなた）メッセージ」、Bパターンを「I（私）メッセージ」と呼んでいます。

「あなたは〇〇だ」というYOUメッセージは、客観的感想を伝えるのに向いています。けれども、言われた側からすると、なんだか上から言われているようで気分悪く感じたり、素直に受け取れないことがあります。

それに対して「私は〇〇と感じた」というIメッセージは、伝え手側の内側で起こったことを主観的に伝えているので、受け手側もあまり否定的にならず、素直に受け取ることができます。

「痛みに耐えてよく頑張った！　感動した！　おめでとう！」

これは怪我をおして優勝した貴乃花に、小泉首相が発した名言です。

これをYOUメッセージ、Iメッセージの視点で見てみましょう。

「痛みに耐えてよく頑張った！」は、YOUメッセージ。

「感動した！　おめでとう！」は、Iメッセージです。

「あなたは痛みに耐えてよく頑張った。だから、私は感動した。感謝します」と、前半のYOUメッセージ部分が、後半のIメッセージ部分の理由や動機となっているのですね。

このような**「YOUメッセージ＋Iメッセージ」の組み合わせは、受け手側の納得感が強いものになるので、ぜひ取り入れていきたい**ところです。

例えば、先ほどのBパターンを、

「君が今回の受注を獲得するためにどれだけ努力してきたか見ていたから、僕も自分のことのように嬉しいよ」

という伝え方に変えてみます。

前半のYOUメッセージがあることで、日頃からしっかり見てくれていることも伝わり、それがまた聞き手の喜びを生むのではないでしょうか。

ちなみに小泉首相の名言を補足すると、「感動した！」は、小泉首相のIメッセージでもあり、相撲を観戦していた人たち、つまり「WE（私たち）」の気持ちを代弁する**「WEメッセージ」**でもあったので、なおさら見ている人たちの心が動いたのでしょう。

もしも「痛みに耐えてよく頑張った！　あなたは偉い！」と、すべてYOUメッセージで構成されていたら、どうなっていたでしょうか？「小泉さん、あんたはどれだけ偉いんだよ。何様だよ」という感情で、受け取られていたかもしれませんね。

第8章 まとめ

お互いを知り、
信頼関係を構築するために、
聞く、伝える、フィードバックの
3段階で実践しましょう。

第9章

「幸せ職場」のつくり方 ステップ4

動き出す仕組みをつくる

ステップ4

動き出す仕組みをつくる

職場で共有したい価値を浸透させる仕組みづくり

乗組員同士が和気あいあいとした雰囲気で、目指すべき港に一直線に素晴らしい速度で進んでいく――そのための環境づくり、仕組みづくりが、船長であるリーダーの、ステップ4での役割です。

どんなに素晴らしいミッション、ビジョン、バリューズを作っても、日常の活動に反映されていかなければ意味がありません。どんなに上司が声高にコミュニケーションの重要性を訴えても、実際に上司と部下、部下同士でコミュニケーションが取れなければ何も変わりません。つくったものに命を吹き込む必要があります。ここでは、実際に私の職場で行われていることを紹介しながら、仕組み化について考えていきます。

経理部のミッション、ビジョン、バリューズ、行動指針

私が部長を務める経理部のミッション、ビジョン、バリューズ、行動指針は次のとおりです。

【ミッション】
数知を探求し、すべての関わりある人を最高の結果に導く

【ビジョン】
※チームごと（経理部全体のビジョンはあえて作らず、チームごとに3年後のビジョンとそれを実現するためのアクションプランを作成）

【バリューズ】
「感謝」「寛容」「楽しむ」「Yes, and」「報連相」「スピーディー」「正確」など20の言

葉で構成

【行動指針】
頂点を目指せ！
プロのこだわりを持とう！
ただ闇雲に働くな、スマートに行こう！

ミッション、ビジョン、行動指針を「自分ごと」にする

ミッション、ビジョン、行動指針については、さらにチーム単位、個人単位に具体的に落とし込み、展開しています。

- **自分たちのミッションは何なのか？**
- **3年後のビジョンは？**
- **それを達成するために何をするか？**

・プロとして自分は何にこだわるのか？
・業務効率化のターゲットは？

これらを、チーム単位、個人単位で作成していきます。
そして、チームごとの取り組みについては、四半期ごとに部会で活動状況報告を行い、個人の取り組みについては、チームミーティングで毎月活動状況を共有していきます。

ここで大切なのは、チーム単位でも個人単位でも、それぞれ自分たちで目標やアクションを決めるということ。つまり、**「自分ごと」**にすることです。そして、その進捗確認は、仕組みとしてフォローできるようにしておきます。

それぞれの想いや意志を反映させていくところと、人の意志に頼るのではなく仕組みで回していくところの棲み分けを意識的に行うことです。

バリューズは「経理部スタイル」という呼称に

そして、私が仕組みとして最も工夫をしているのが、バリューズの浸透です。

私たちは、バリューズではなく、**「経理部スタイル」**と名づけています。

経理部スタイルは、「感謝」「寛容」「楽しむ」「Yes, and」「報連相」「スピーディー」「正確」など、全部で20の言葉で構成されています。この言葉は、「自分たちが大事にしたい価値観って何だろう?」とみんなで考え、みんなで出し合い、みんなで選んだものです。20の言葉は、私たちにとって大切なものばかりです。

そして、私は「一日の中で特に大切にしたい言葉を自分自身で毎朝一つ選び、その言葉を胸に仕事を始める」という仕組みをつくったのです。

例えば、「今日は一年でいちばん忙しい日だけれど、だからこそ『楽しむ』という価値を忘れずにいよう」と思った人は、「楽しむ」という言葉を選ぶわけです。

「バリューズ=経理部スタイル」の浸透活動は、①~⑥のような仕組みで行っています。

①20の言葉は、プラスチックのネームケースに入る大きさでラミネート加工し、ネームケースに差し込んで**身に着けられる状態で保管**しています。

②そして、毎朝一人ひとりが、**その日大切にしたい言葉を選び**ネームプレートに差し込みます。

これだけでは終わりません。

③毎朝の朝礼時間に部員同士でペアを組み、**自分の選んだ言葉について対話**をする時間を設けています。

これによって、バリューズの浸透と部員同士のコミュニケーションの活性化の両方を推進することができるからです。

バリューズの浸透活動は、これだけにとどまりません。

④毎月チームごとに最も「経理部スタイル」を体現していたメンバーを**「ベスト・オブ・スタイル」**として選出し、部会で発表しています。

チーム全員のなかから選出されるわけですから、「幸福の3条件」の「自分はチームに役に立っている実感（他者貢献）」と「自分を選んでくれた同僚に対する感謝（他者信頼）」が高まり、「そんな自分にOKが出せる気持ち（自己受容）」も上昇していくのです。

さらに続きがあります。

⑤各チームから「ベスト・オブ・スタイル」に選出されたメンバーと私で、**「BOSSランチ」**（「ベスト・オブ・スタイル」を略したBOSと「上司」のBOSSとの掛け言葉）と称してランチを食べることにしています。

選出されたメンバーは、もちろん招待です。このランチタイムも、職場の関係の質を上げていくのに効果を発揮しています。

①〜③「朝礼」
20の言葉から毎朝一つ選んでネームプレートに差し、朝礼時に自分の選んだ言葉について対話します。

④〜⑤「BOSランチ」
「ベスト・オブ・スタイル」に選出されたメンバーと共にランチ。仕事の話は極力せず、近況などを話します。

⑥「感謝の日」
東日本大震災の翌月から開始。毎月11日は、経理部の部員全員が20 の言葉の中から「感謝」を選んで身に着けます。

そして、毎月11日は私たちにとって特別な日に定めています。

⑥経理部では、毎月11日を**「感謝の日」**に制定しています。これは、2011年3月11日、東日本大震災の翌月から始めたことです。

毎月11日は、全員が20の言葉の中から「感謝」を選んで身に着けます。「こうして全員無事に集い、仕事ができることに感謝をしよう。自分の身の回りのことに感謝する気持ちを忘れないようにしよう」という想いを込めて始めた仕組みです。

感謝の日の仕組みも、職場の結束力を高める原動力となっています。

「相互理解の場」をつくる仕組みづくり

前に述べたとおり、信頼関係を構築するには相互理解の推進が必要です。そのためにはコミュニケーションを取る機会を仕組み化することが肝心です。上司がいくら「コミュニケーションは大切だ」と声高に叫び続けても、状況は変わらないからです。

頻度	参加者	何を
毎朝	全員	朝礼
毎朝	チームごと	チーム朝礼
毎週	全員	改善発表会
毎週	チームごと	チーム会
毎週	チームリーダー	チームリーダーとの週次面談
毎月	全員	部下全員との個別面談
毎月	全員	部会

〈経理部の「相互理解の場」をつくる仕組み〉

経理部で設けている相互理解の場は、上の表のとおりです。

この中からいくつかピックアップし、特徴についてご説明します。

《相互理解の場①／朝礼》

朝礼は、私からの挨拶で始まります。単なる報告事項ではなく、その時その時の状況に合わせて部員にメッセージを送るようにしています。せっかく部員全員が集まる貴重な場を、単なる報告で終わらせたくないからです。

その後、部員同士でペアを組み、経理部スタイルの20の言葉をテーマにコミュニケーションを図ります。

最後は、指名された部員が音頭をとって円陣を組み、それぞれのチームの朝礼へと分かれます。
経理部は精算業務なども行っているため、銀行の窓口のようにカウンターがあり、カウンター越しに経理部の中が見えるようになっています。
経理部の前を通りかかり、カウンター越しに経理部の円陣の風景を見た社員は、たいてい驚いて二度見していきます。社内でも「経理部の朝礼は変わっている」と評判になっているのです。

毎朝全員で集まって、笑顔でスタートする。

これが経理部の朝の儀式です。

《相互理解の場②／チームリーダーとの週次面談》

経理部内のチーム運営は、完全にチームリーダーに任せています。その代わり、チームリーダー一人ひとりと週ごとに面談し、運営面の悩みや課題解決をサポートしています。チームリーダーは、裁量が与えられているので自分の思うようにチーム運営ができる分、責任も感じていることと思います。
私自身、初めてリーダーになったときに、上司に信頼していただき、自分の裁量でチーム運営ができたことが自分の成長に大きくつながったと思っています。鬼、冷徹人間などと呼ばれる結果になってはしまいましたが、自分で考えて運営してきたからこそ、間違いに気づいたとき、どん底から自分で這い上がってこられたのだと思っています。

部下を成長させるには**自由に自分で考えて動ける環境を用意する**ことが重要だと、自らの体験から学んだのです。

《相互理解の場③／部下全員との個別面談》

信頼関係を構築し「関係の質」を強化していく上でベースになるのが、部下一人ひとりとのコミュニケーションだと思っています。

ですから、私にとっての最優先事項は部下との個別面談です。毎月のスケジュールは、まず部下との個別面談の枠から押さえていきます。

この個別面談の主役は、部下です。そのため、私は部下全員に、「私とのこの時間は好きなように使ってください」と伝えています。部下が話したいことを話していい時間ということです。部下によって話す内容はまちまちです。これも部下の個性だと

相互理解の場①

朝礼

私からの挨拶の後、部員同士でペアを組んで、その日選んだ言葉をテーマにコミュニケーションを図ります。

相互理解の場②

チームリーダーとの週次面談

チームリーダーと週ごとに面談し、運営面の悩みや課題解決をサポート。会議室でL字形に座り、行っています。

相互理解の場③

部下全員との個別面談

部下との個別面談は最優先事項。社内のカフェテリアで横並びになり、リラックスした状態で自由に話してもらいます。

相互理解の場④

部会

毎月一度開催される部会では、特に「Why?」の部分を大切にして部員全員にメッセージを投げかけています。

思っています。

この「部下との時間」をどれくらい有効な時間にできるか？――これが上司の手腕だと思っています。

ですから、私は私費を投じてコーチングなどのコミュニケーション学を学び続けてきました。正直申し上げて、私が数年で経理部を社内一働きがいのある職場に生まれ変わらせることができたのも、コミュニケーション能力によるところが大きいと思っています。

上司が身につけるべきコミュニケーション能力については、正直たくさんあります。ここでは、特に個別面談において「これだけは押さえておきたい」というポイントに絞ってお伝えしたいと思います。

「主役は部下」を徹底する

↓部下との個別面談は部下の時間です。部下が今、興味関心を持っていることに、関心を寄せましょう。

上司は聞くことに徹する

↓いつの間にか上司が話し込んでいる……そんなことはないでしょうか？　何度も繰り返しますが、部下の興味関心に関心を寄せる時間です。上司自身が話し込まないと心に決めて臨みましょう。

余計なアドバイスはしない

↓ついついアドバイスをしたくなりますが、極力部下に考える機会を与えましょう。部下が考えても答えにたどり着かない、これ以上考えさせてもしょうがないところまで我慢しましょう。それが部下が成長する近道です。

説教をしない

↓部下のことを考え、良かれと思ってつい説教してしまうことがあります。これも部下の成長を妨げたり、部下の心が上司から離れる原因にもなります。

アドラー心理学に**「課題の分離」**という考え方があります。これは誰の課題なのかということです。例えば、部下の成長を考えたとき、部下に「もっと自己研鑽すべきだ」とアドバイスしたくなります。しかし、自己研鑽するかしないかは部下の課題であって、上司の課題ではないのです。これは、人の家に土足で踏み入れるのに近い行為なのです。

では、上司はどうすればよいのでしょうか？

何もせず指をくわえて部下が動くのを待つしかないのでしょうか？

そんなことはありません。

まず上司が率先して模範を示す姿、自己研鑽する姿を背中で見せることです。

みなさんも記憶に残っているはずです。「勉強しなさい」と親から言われることがどれだけうるさいことだったか……。

鬼、冷徹人間と言われていた頃の私は、これをやってしまったのです。ダメ出しをするだけでなく、「もっと勉強すべきだ」と毎回のように説教していたのです。どれほど嫌な上司だったか、当時を思い出すと自分でもぞっとします。

《相互理解の場④／部会》

皆さんの職場は、部員全員が一堂に会する場をお持ちでしょうか？　職場の規模にもよりますが、ある程度の規模になると全員が集まる機会はなかなかつくれず、とても貴重な時間になってきます。

皆さんは、この貴重な時間をどのように使っているでしょうか？

単なる報告事項の伝達だけで終わらせていないでしょうか？

全員が集う機会だからこそ、上司である自分の想いを伝えたり、部下の頑張りにねぎらいの言葉をかけたり、ときに叱咤激励をしたりと、直接部下に働きかける時間として活用したいものです。

私は、毎月の部会を利用して、毎回何かしら部員全員にメッセージを投げかけています。毎回セミナーを開催しているようなイメージです。セミナーとはいかないまでも、何かしら上司としての想いや、なぜこれらのことに取り組むのか**「Why?」の部分を大切にして語り続けてほしい**のです。

職場の結束力を高める4つのキーワード

ここまで「幸せ職場」をつくる仕組みについてお話ししてきましたが、その仕組みの中に組み込みたいキーワードがあります。

それは、**「感謝」「寛容」「楽しむ」「Yes, and」**です。

これらは、経理部スタイルの20の言葉のうちの4つです。

なぜ「感謝」「寛容」「楽しむ」「Yes, and」なのか、ご説明します。

キーワード1／「感謝」

私たちは、お互いに支え合いながら生きています。そのことに気づき、感謝できる、謙虚な人でありたいと思っています。

リーダーになると、周りの人から持ち上げられる機会が多くなります。どうしても自分が偉くなったと勘違いしがちです。その結果、いつの間にか上下関係が出来上がります。けれども、つくりたいのは**「横の関係」**なのです。

考えてみてください。一番たくさんの人に支えられているのは誰でしょうか？

ほかならぬ上司であるあなた自身です。部下が10人いれば10人の部下に支えられて職場が成り立っているのです。

そのことに感謝できる、謙虚な人でありたいですね。


上司が日々の部下の頑張りに対し、感謝の気持ちを伝える——。

これは、最もシンプルで、最もパワフルな、部下の心のコップを水でいっぱいに満たす行為なのです。

上司から感謝された部下は、自分が職場や上司に貢献できた「貢献感」を味わうことができ、そんな自分に自信が持てるようになります。そして、感謝を伝えてくれた上司をさらに信頼できるようになるわけです。

また、上司から感謝された部下は、職場の仲間にも感謝できるようになっていきます。自分自身が感謝されることの素晴らしさを、身をもって体験しているからです。

上司から部下への感謝が、こうやって同僚同士の感謝へと広がっていきます。常に

上司の「感謝」が部下の共同体感覚を強める

お互いに感謝の気持ちを持って接する職場が、幸せでないはずがありませんよね？
感謝から始まるマネジメント、これが幸せな職場への第一歩なのです。

キーワード2／「寛容」

この世に完全な人など存在しません。どんな人でも、優れたところがあれば欠けているところもあります。

その不完全さを受け入れたいのです。

「寛容」とは、不完全さを受け入れる勇気です。

人の不完全さを受け入れるには、まず自分の不完全さを受け入れることが必要です。リーダーに昇格する人の多くは、自分に厳しくストイックな面があると思います。ストイックな面ももちろん大切ですが、心の余裕がほしいのです。心に余裕ができた分だけ、人に優しくなれます。

鬼上司時代の自分には、このキーワードが欠けていました。毎朝4時に起きて、5

時に出社して、ビジネス書を読んでから、自分の仕事に取りかかる……毎日4時間睡眠で働き続けました。それでも「自分はまだまだ甘い」と思っていたのです。その厳しさは自分だけでなく、部下にも向かいました。それが人を成長させるいちばん良い方法だと思っていたからです。そして、職場からは笑顔が消えていったのです。

キーワード3／「楽しむ」

仕事や働くことを楽しもうとするから楽しくなる。笑顔でやるから仕事が楽しくなる――「リーダーは幸せの専門家」というメガネをかけて、私は初めて気づきました。

仕事が楽しく職場が楽しいと、もっともっと頑張ろうという気持ちになれる。楽しいから気持ちに余裕ができて、自分にも周りの人にも優しくなれる。

日々、生きること、働くことを楽しむ――。それが幸せな職場につながっていくのだと気づいたのです。

ですから、私たちの経理部は楽しい空気が大好きです。職場に自分の好きなものを持ち込むことを大歓迎しています。アニメキャラクターのぬいぐるみやフィギュア、家族、ペットの写真、けんだま、将棋、オセロなどのゲーム、観葉植物、メンバーそれぞれのデスクが好きなものであふれています。

また、楽しいイベントも大好きです。野球、フットサル、サイクリング、バーベキューなど、休日やアフターファイブも仲間同士で楽しむ、そんな楽しい職場です。

このような話をさせていただくと、顔をしかめる方がいらっしゃいます。

「サークルじゃないんだから。会社は仕事をするところですよ」と。

おっしゃるとおりです。

仕事ですから、成果が求められるのは当然です。

だからこそ、私はあらためて言います。

その成果が挙がるのは、**組織の成功循環サイクルのグッドサイクルが回っているとき**なのです。しかめっ面でギスギスした職場ではなく、みんなが笑顔で楽しく働く職場なのです。

キーワード4／「Yes, and」

そして最後は、「Yes, and」です。

鬼上司時代に私がやっていたこと。それは、部下を鍛えるためにとことんダメ出しをすることでした。いかに部下のできていないところを探すかに力を注いでいたのです。

ですから、私の第一声は、いつも「No（違うでしょ）」だったのです。部下が何を言っても、「違うでしょ。そこはAじゃなくてBでしょ」。

常に否定される部下は、とてもつらかったに違いありません。

にもかかわらず、ミーティングのたびに「もっと意見を言いなさい」「自分の意見を持ちなさい」と言い続けていたのです。自らが、部下が発言しない原因になっているとも気づかずに……。

これがバッドサイクルを引き起こす最大の要因になっていたと思います。

つくりたいのは、**否定し合う文化ではなく、認め合う文化**です。

その土壌があるからこそ、グッドサイクルが回り続けることができるのです。

ですから、第一声は、「Yes（そうなんですね）」で始まりたいのです。

ここで陥りやすいのが、せっかく「Yes」で受けたにもかかわらず、「But（でもね）」で結局否定しまうことです。

自分の意見を主張したいがために、「But（でもね）」を使ってしまうのです。

そこで身につけたいのは、「Yes（そうなんですね）」で受けて、「And（そして）」で展開する「Yes, and」の習慣です。

習慣と書いたとおり、**考えて使うのではなく、習慣として無意識に口に出るようになるまで徹底させたい**ものです。

「Yes, but」の事例

「Aがいいと思うのですね。でもね、私はBのほうがいいと思うのですが」

「Yes, and」の事例

「Aがいいと思うのですね。そして、私はBの考え方も面白いと思うのですが、いかがでしょうか」

「そして」という表現は日常的には、しっくりこないこともあるので、「さらに」「加えて」「それと」など、肯定的につなげる語彙を増やしておくとよいでしょう。

「Yes, and」を使いながら認め合う文化を醸成していくためには、それにふさわしいメガネがあります。

○か×か？

勝ちか負けか？

黒か白か？

そんな二元論的なメガネをかけているとしたら、そのメガネをかけ替えましょう。

二元論的なメガネをかけていると、どうしても自分と違う意見を否定したくなってしまいます。

この二元論的なメガネから、共に持てるものを出し合って、目指すべきゴールに向かって進んでいくというメガネにかけ替えましょう。

誰の考えが正しいかを競う「競争」ではなく、**共に創る「共創」の精神**で臨みたいのです。

人に優しく、仕事に厳しく

私たちの部署では、部会などを通じて、こんなスローガンを共有しています。

「経理部品質」

「経理部プライド」

ピンとこられた方、そのとおりです。

テレビドラマにもなった池井戸潤さんの『下町ロケット』に登場する佃製作所が掲げた「佃品質」「佃プライド」をヒントに作成したスローガンです。

私たちは、自分たちの成果物にプライドとこだわりを持って仕事をしています。

楽しい雰囲気は大切ですが、楽しむことが目的ではありません。経理部として付加価値を発揮し、関係者すべてに貢献していくことが目的です。

だからこそ、成果物に問題があったとき、それに関わったスタッフのことは一切責めません。なぜなら、責める必要などまったくないからです。関わった当事者がいちばん悔しいからです。

そして、当事者を責める代わりに、私は「自分たちの品質レベルがこの程度でいいのか？」「自分たちのプライドはこんなものなのか？」を皆に問いかけるようにしています。

「人に優しく、仕事に厳しく」

これが、経理部スタイルなのです。

こんなふうに私たちの経理部は、部員一人ひとりが自分らしく仕事をし、お互いに笑顔で協力し合い、個人としてもチームとしても素晴らしい結果を出し続けています。

実は、この原稿を書いている最中にも、私たちの経理部は厳しい状況に立たされてしまいました。長年私と共に職場をつくってきたチームリーダー2人と主力メンバーの1人が海外に赴任してしまったからです。野球に例えれば、クリーンナップを打つ3番、4番、5番が一気に抜けてしまった状態です。

それでも、私たちは日々行われる試合に勝たなければなりません。

そのような状況の下、メンバー一人ひとりが自主的に精力的に今まで以上に頑張ってくれています。

なかでも人一倍頑張っている若手スタッフがいます。

ある日の個別面談で、私は彼に感謝の言葉を告げました。そして、彼に質問をしました。

「すっごく頑張ってくれて嬉しいけど、どうしてこんなに頑張れるの?」

「頑張れる源は何?」

彼は照れながらもしっかりとした口調で次のように答えてくれました。

「自分は、経理部が大好きなんです。経理部の雰囲気も一緒に働く仲間も。その経理部をつくってくれているのが小林さんじゃないですか。この雰囲気をつくってくれているのも小林さんじゃないですか。だから、小林さんに恩返しがしたいんです。大好きな経理部に貢献したいんです」

私の目は真っ赤になり、「ありがとう」「一緒に頑張ろう」と言うのが精いっぱいでした。

「これが組織の成功循環サイクルのグッドサイクルが回っている状態、メンバー一人ひとりが共同体感覚を持てている状態なんだ」——私はあらためて実感しました。

新生経理部はまだまだ道半ばですが、さらに素晴らしい職場になると確信していきます。

第9章 まとめ

共有したい価値を浸透させ、
相互理解を深めるために、
愛と敬意に満ちた
有機的な仕組みをつくりましょう。

第10章

「幸せ職場」は こうして生まれる

彼らの職場は、どのように「幸せ職場」になっていったのか?

私の周りには、「すべての社員を幸せにする職場をつくろう」と決意し、リーダーとして日々頑張っている仲間がたくさんいます。

最後に、そんな彼らの取り組みを紹介させてください。

リーダーである自分自身の意識や行動がどう変わったのか?

そして職場は、いったいどのように変化したのか?

それらの職場の今を感じ取っていただけたら、とてもうれしいです。

事例1

「『仕事のパフォーマンスを上げたければ、相手に寄り添え』。この言葉が職場づくりにおける私の基本です」

星野雄一さん
株式会社ｉＴｉＤコンサルティング
ディレクター

学生時代は競技ダンスで日本一のチームを導き、社会人になってからも数多くのマネジメント経験を積んできたこともあり、若い頃から早くゼネラルマネージャーの仕事に取り組みたいと思っていました。

コンサルティングファームで大規模プロジェクトのマネージャーをやり始め、いよいよゼネラルマネージャーが視野に入ってきた頃から、自分が目にしてきたマネージャーや読んできた本などを参考に、自分なりに目指すマネージャー像を構築してきました。そして、万全の状態でゼネラルマネージャーに就任したつもりでした。

就任後は「自立と連携によるチーム力向上」をテーマに掲げ、業績目標達成はもちろんのこと、グループ会も活性化させて、お互いが成長できる組織づくりに取り組み、メンバーも順調に成長していきました。メンバーが参画しているさまざまなプロジェクトにも顔を出し、直接指導しながら成長に関わってきました。そのようなこともあって、リーマン・ショック後の厳しい時代もチーム一丸となって業績目標を達成し、社内でも注目される部門だったのです。

そんななかで、〝事件〟は突然起きました。2名のメンバーが、ほぼ同時期に退職したのです。2人とも、グループの中ではあまり目立たないメンバーでした。業務内容に関しても特にこれといった不満や要望を言うこともありませんでした。自分と同じプロジェクトのメンバーだったので、私は2人に直接指導しながら関わってきました。

直接指導していただけに、2人の退職の申し出はとてもショックでした。

そして、強く思いました。

「間違いなく責任は私にある」と。

私は、会社とメンバーの成長のために精いっぱい取り組んできたつもりでした。ところが、この退職を機に「何かが足りない」と思うようになりました。そして、経営者向けセミナーなど人間力を磨くための勉強を続け、さまざまな方々と交流するなかで、自分に足りないものがぼんやりと見えてきたのです。

それは**「覚悟」**でした。

良い面も悪い面も含めて自分を受け入れる覚悟、その上でどのような方向性を目指して生きていくか、という覚悟です。

覚悟が足りない。そのことはわかったのですが、自分で自分が何者なのか、何を軸に生きていきたいのか、その答えを考え続ける日々が続きました。

一人で考え続けましたが、自分ではどうしても答えが出ません。そこで私は、知り合いの方のコーチングを受けることにしたのです。

5ヵ月間のセッションを通して、私は自分自身を探究し続けました。また、自分に小さな変化を起こすための行動を実験的に行いました。そこからさまざまな気づきを得ることになったのです。

その後、私は、コーチングスクールに通うことにしました。6ヵ月間の自分自身の探究、そして相手への理解。これらを通して、自分のマネジメントアプローチに何が足りなかったのかが見えてきました。

結局のところ私は、**自分の考える「良いコンサルタント」を全員の成長の方向性と**

し、それを押しつけ、その評価軸で人を評価し、指導していたのです。

メンバーが本当はどう思い、どのようなキャリアを描きたいのか、メンバーに寄り添う姿勢が足りなかったのです。

私に対して要望や相談事があっても「どうせ言ってもムダ」とメンバーたちから思われていたマネージャーだったのかもしれないのです。

結局2人はどうして退職したのか、真の理由はわかりません。ただ、自分なりにそのように思いました。


それからの私は、メンバーに対する取り組みを変えました。相手の価値観や実現したいことに寄り添い、関わるようにしました。すると自分自身の見方が変わり、相手のわずかな成長にも気づけるようになってきたのです。そして、それを積み重ねることで、**「人は必ず成長できる」という信念を自分自身が持つことができるようになった**のです。

まだまだ未熟な部分はありますが、自分なりに少しずつは進化しているのではないかと思います。

コンサルティング業界は特に人が資産であり、そして自律した人材が求められます。タフな成果も求められます。だからこそ、マネージャーとしては、メンバーにとっての成長のステージを共に探し続けることが必要だと思います。

一方で、「守・破・離」の「守」を徹底的に教える必要もあります。これは組織知、いわゆる型なのですから、できるまで教える必要があります。

成果に対する厳しさと、人に対する温かさ。

この両方を兼ね備えているからこそ、マネージャーはメンバーに、そして顧客に信頼されるのだと思います。

「仕事のパフォーマンスを上げたければ、相手に寄り添え」

この言葉が職場づくりにおける私の基本です。

事例2
「やり方さえ工夫すれば、形は違っても夢は達成できる。従業員一人ひとりが、そんな発想ができる文化をつくりたい」

小松英樹さん
株式会社梁プランニング
クリエイティブディレクター

２０１４年4月、私は30代半ばにして役員に就任しました。役員になると同時に、私は20人を超える会社のスタッフを統括する身となりました。

「役員になったからには、自分がもっとやらなければ」

「そのためには、自分がもっともっとパワーアップしなければ」

そんな思いでいっぱいでした。

今まで以上に広い視野で、経営者としての視点も持ちながらマネジメントしなければいけない立場になったにもかかわらず、**実際は今まで以上に自分自身の成長に矢印が向いてしまった**のです。

「とにかくもっと学んで成長しなければ」と、ゴールデンウィークに東京から大阪までビジネスセミナーをはしごで受講するほど、私は焦っていました。一人だけハイテンションで空回り……会社の中でポツンと浮いた存在だったに違いありません。

その焦りの根底には、役員に就任する数ヵ月前の出来事がありました。

入社以来ずっと目をかけてきたチームメンバーと衝突してしまったのです。

今から考えれば、反発されて当然です。なぜなら、私は私のコピーをつくろうとしていたからです。「私と同じようにやればうまくいく」。そう思い込み、箸の上げ下げまで私と同じようにできることを望み、そのメンバーに口を出していたのです。

私のコピーをつくろうとするマネジメント——あのやり方は、絶対に違う。相手を壊してしまう。だから、何かを変えなければいけない。でも、何をどう変えればいいのだろう？

どうすればいいのかわからず、私はビジネスセミナー通いをしていたのです。

そんな私に転機が訪れました。電車の中で、私の目に青い表紙の本の中吊り広告が飛び込んできたのです。それが、大ベストセラーとなった『嫌われる勇気』との出合い、そしてアドラー心理学との出合いでした。

「アドラー心理学なら、もしかしたら何かが変わるかもしれない」

私は、アドラー心理学がベースとなっているコーチングスクール「チームフロー」の門を叩きました。

私に大きな影響を与えたのは、このコーチングスクールで出合った人々でした。

一人は、マイコーチとの出合いです。スクールの中で、私たちはコーチをつけ、継続的に関わってもらいながら数ヵ月間を過ごします。それによって、コーチの役割を自分自身で体感できるからです。

マイコーチに関わってもらい、役員となった重圧やマネジメントがうまくいかない悩みなどを定期的に相談できる機会を得ました。それまで精神状態の浮き沈みが激しかったのですが、コーチングを受けることで落ち着きを取り戻していき、仕事でうまくいかないことがあってもすぐに立ち直れるようになりました。

そして、この本の著者である小林嘉男さんとも出合うことができました。嘉男さんはスクールの開催される土日にスクール運営のサポートをしてくださっていたのです。嘉男さんの存在を知ったことで、実際のビジネスの現場でマネージャーとしてどうあるべきなのか、そのロールモデルを得ることができました。

コーチングスクールで共に学んだ仲間からの刺激やサポートもあり、**社会人になったときからの夢だった、自分の会社の中にカフェを作ることができました。**

そもそも「移動販売カフェを作る」というのは社会人になった頃からの自分自身の夢でしたし、「カフェを経営する」というのは私の父が実現できなかった夢でした。「カフェ」は、親子2人の共通の夢のキーワードだったのです。

2009年に経営陣に「アンテナショップとしてカフェを開店しませんか」という企画を提案したことがあったのですが、同意を得ることができず、悔しい思いをしていました。

けれども2015年5月、少し形は違うものの、社内に打ち合わせや研修スペースとして活用できるカフェを設置することができたのです。

私の会社は従業員40人ほどの小さな会社です。でも、こんなに小さな会社だって

「作ろう」と思えば、こんなに素敵なカフェスペースが持てるのです。

「あきらめなければ、やり方さえ工夫すれば、形は違っても夢は達成できるんだ」

従業員一人ひとりが、そんな発想ができる文化を、これからも社内につくっていきたいと思います。そして、このカフェスペースを、会社のスタッフのために「より多くの人が集い、より良く学び、より深く対話する相互理解の場」としていくことが、私の次の目標です。

私には、もう一つ実現したい夢があります。

それは、熱い日差しの下、浜辺で会社のスタッフたちとバーベキューをすることです。単に会社で仕事をするだけの関係ではなく、休みの日でも時間を共にしたくなる仲間としての関係――そんな幸せな職場をつくるのが、私の次の夢です。

「カフェを作る」という夢を実現したように、この夢も近い将来実現できると信じて進みたいと思います。

事例3
「仕事は一人でするものじゃなく、仲間と一緒にするもの。激動の店長経験を通して、そのことを学びました」

青木真穂さん
現場に入る研修屋『はだしの学び舎』代表

今から15年くらい前のことですが、ある大手居酒屋チェーンの新規オープン店を店長として担当したことがあります。会社の中で女性初の新規オープン店店長ということもあり、私はとても気合が入っていました。

チェーン店とはいえ、当時はセントラルキッチンもないし、発注のシステムも十分ではなかったので、店長自身がレシピから料理ごとに何人前出るかを想定して、材料の大根を何本発注するかなどを地道に計算していました。それだけに、ありとあらゆる機会で店長のマネジメント能力が問われる現場でした。私はそういう状況が大好きで燃えるので、「絶対に良い店をつくるぞ！」と思っていました。

それまで他の店で店長をやっていました。スタッフとも仲良くみんな店づくりに協力的で、お客様も地元の常連様がたくさんいたので、店長として自信がありました。「新しい店でも社内一スタッフがイキイキ働いてホスピタリティーの高い店を必ずつくる」と思っていました。

社員は、私と男性の新入社員の2人。その他は30人くらいのアルバイトとパートさんでした。みんなで協力しながらオープン準備をし、気持ちも一つに、いざオープン。たくさんのお客様が来てくださり、毎日がお祭りのように盛り上がりました。

しかし、新しい街に新しい店を開くのは大変で、想定外のことも多くありました。体育会の大学生が全裸で店内を駆け回り大騒ぎをして、ご家族連れからクレームの声があったり……。お客様同士のけんかを止めたり……。地域住民からの騒音の苦情を受けて、防音の追加工事をしたり……。店長である私は、日々の営業をしながらも、そういったイレギュラーな出来事に一つ一つ矢面に立って対応しなければなりませんでした。次第に頭も体も疲労が溜まっていきました。

大変だったのは、店長の私だけではなく、スタッフももちろん同じです。ただ、私はそのことに気づくことができませんでした。ある時からアルバイトが少しずつ減っていって、シフトが組めなくなっていました。そのため営業をするときのスタッフ一人当たりの負荷がどんどん増えていきました。

そんななか、キッチンのアルバイトで唯一、他の店舗から上司の指示で異動してきたベテラン君が、ある日私にこう言うのです。

「俺はお前の言うことは聞かないからな。俺はお前の上司の指示でこの店に来た。だからお前の上司の指示で動くからな」

ベテラン君は、他のアルバイトスタッフをどんどん自分の味方につけ、部下社員までも味方につけ、陰で私の悪口を言うようになりました。彼からすれば私は**「使えない店長」**だったんです。

無断で辞めていくアルバイトも増え、1日の営業で15人のメンバーが必要なところ、毎日3人ほどで営業しなければならない事態に追い込まれました。

そうなると、お客様からのクレームも止まりません。その一つ一つに店長の私は対応しなければならず、もうヘロヘロでした。営業終了後にレジのお金を数えるのですが、1万円札を10枚で束ねるのに数えていくと、1、2、3、4……あれ9枚しかない。もう一度数えると、1、2、3……今度は11枚。それまで当たり前にできていたことすらも、全然できなくなっていました。

そんなときに、たまたま上司が代わりました。当たり前に出来ていたことが出来ない状態に陥っている中で私は「きっと怒られるんだろうな。店長降格になるんだろうな。そして異動で他の店に異動させられるんだろうな……」と怯えていました。

そんなある日、私はその上司と初めて話をすることになりました。

連絡だけで済むこともちろんありますが、お店の運営がうまくいかず、売上が上がっていない場合、改善すべきところをガンガン言われることもあります。レジの電話が鳴り、ディスプレイに上司の電話番号が表示されました。私はドキドキしながら受話器をあげました。「何から叱られるんだろう?」「どれだけたくさんの改善指示がくるんだろう?」と、私は緊張していました。

ところが、私の想定とは全然違ったのです。

意外にも明るい声で、

「売上は気にしなくて良いし、人件費も食材管理も気にしなくて良いよ。そこは僕が気にするところだからね。だから青木さん、まずは今日入ってくれるアルバイトさんに笑顔で元気よく『ありがとう』って言ってほしいんだ。今はそれがみんなにとっていちばん大切なことだから」

びっくりしました。ダメ出しをされると思っていたのに、上司は怒鳴るどころか「笑顔で元気よく『ありがとう』から始めよう」とアドバイスしてくれたのです。

でも、その上司のひと言で私は、**「自分は1人じゃない」**と思うことができました。寄り添ってくれる人がいる、応援してくれる人がいる心強さを感じました。ずっと気を張っていた自分自身の身体が、ふっと緩むような感じがしました。

そして、体が緩んだおかげでしょうか、自分の状態について少し余裕を持って考えられるようになり、自分の想いを見失っていたことに気づくことができました。

それまでは、

「自分がアルバイト全員と向き合わなくちゃ、なんとかシフト組まなくちゃ」

「自分が部下の社員を店長に育てなくちゃ」

「自分がお客様のクレーム、住民のクレームに向き合わなくちゃ」

「自分が売上も、人件費も、食材管理も、なにもかもやらなくちゃ」という焦りでいっぱいでした。

でも、私が目指していたのは、**「みんながそれぞれの力を出し合って協力し合うチーム」**であったはずです。そして、今の私が果たすべき役割は**「みんながやる気になれる環境をつくること」**であったはずです。

上司のおかげで、私は「もうあれこれ悩むのはやめよう。言ってくれたことから始めてみよう」と思い直すことができたのです。

このことをきっかけに、私は自分自身に**2つの約束**をしました。

1つは、アルバイトメンバーが仕事場に来たら、メンバー一人ひとりに「今日も入ってくれてありがとう。忙しいと思うけれどよろしくね」と必ず言うこと。

もう1つは、仕事が終わったら、メンバー一人ひとりに「今日も働いてくれてありがとう」と必ず言うこと。

身体は相変らず疲れていましたが、残っているパワーをかき集めて、できるだけ笑顔で想いを込めて言いました。

この2つの約束を開始してから数日、変化がありました。とても不思議でした。「店長、よかったら明日も私働きますよ」「あと1時間延長して働きますよ」と言ってくれるメンバーが出てきたのです。

そして、少しずつシフトが組めるようになりました。

ベテラン君も向こうから話しかけてくれるようになり、笑いながら「店長しょーがないなー。僕に任せてよ」と言ってくれるようになったのです。今思えば、ベテラン君もお店が好きでスタッフが好きで、お店のために何とかしようとして、だからどんなに忙しくてもつらくても彼なりに精いっぱいのことをしてくれていたのです。

「ありがとう」「ありがとう」「みんなありがとう」

そう言いながら、お店を仲間たちと共に少しずつつくっていきました。

私はそこで**「仕事は一人でするものじゃない、仲間と一緒にするものだ」**と学びました。

どんなに忙しくても「ありがとう」と言うことはできます。

それがリーダーとしての最初の一歩だと、私は思います。

第10章 まとめ

幸せな職場づくりを進める
リーダーたちが全国にいます。
みんなで一緒に、
「幸せ職場」を増やしませんか？

あとがきにかえて

最後に次の自問を、私の大好きなエピソードとともに皆さんにお伝えしたいと思います。

これは、第6章で紹介した7つの自問に加えていただきたい、8つ目の自問です。

リーダーが常に心に留めておきたい、とても大切な自問です。

自問⑧
「自分は『誰』として生きるのか?」

ヒルトンホテルチェーンの創業者コンラッド・ヒルトンは、ベルボーイからホテルビジネスのキャリアを始めたそうです。

そのヒルトンが、一大ホテルチェーンのオーナーとなった後、ある新聞記者からインタビューを受けました。その際、

「たかがベルボーイが、どうやってここまで成功できたのですか?」

と聞かれたのだそうです。

「たかが」という言い回しに、新聞記者の悪意、嫌味が込められていました。ところが、ヒルトンはこう答えたのです。

「ベルボーイが成功してホテル王になったんじゃない。ホテル王がベルボーイから始めたんだ」

つまりヒルトンは、ベルボーイであった頃から「自分はホテル王だ」というメガネをかけて毎日を生きていたのです。

「何」から始めるか――は、もちろん重要です。

「誰」として生きるか——は、それ以上に重要です。

あなたは、「誰」として生きたいのでしょうか？
自分自身に問い続けてください。
そして、今が「理想の自分」ではなく「理想の職場」でないのだとしたら、私自身がかつて「幸せの専門家」というメガネにかけ替えたように、どうか新しいメガネにかけ替えてみてください。
そして、今日から「理想の自分」として行動し続けてください。

その先に、笑顔いっぱいの幸せな職場が待っています。

小林嘉男

私のメガネをかけ替えてくれた感動書籍

『戦わない経営』（浜口隆則／かんき出版）

著者の浜口隆則さんは、数千という起業家の現実を見てきた「起業の専門家」。

本文でも述べたとおり、私がマネジメントの壁にぶつかり、もがき苦しんでいたときに、どん底から浮上するきっかけを与えてくれた恩書でもあります。

本書は、読む人を温かい気持ちにしてくれます。ビジネスポエムとでも言いたくなるぐらい、著者である浜口さんの経営に対する愛が込められた本になっています。あっという間に読めますが、書かれていることは本質的であり、自身のマネジメントに照らし合わせながら、じっくり味わっていただきたい一冊です。

『成功するのに目標はいらない！
——人生を劇的に変える「自分軸」の見つけ方』
（平本相武／こう書房）

著者の平本相武（あきお）さんは、アメリカの大学院でアドラー心理学を学んだ日本を代表するアドラー派のコーチ、カウンセラーで、私のコーチングの師匠でもあります。

本書の「人は、ビジョンと価値観に基づいた『自分軸』を大切にして生きるべきである」「誰もが『人生の主人公』として生きることができる」というメッセージが、私のメガネをかけ替えてくれました。

また、ビジョン志向の強かった私が「価値観も非常に大切」ということを学んだ本でした。「ビジョン型」と「価値観型」の傾向を知るチェックテストは、私たちに多くの気づきを与えてくれます。

『なぜ、我々はマネジメントの道を歩むのか
——人間の出会いが生み出す「最高のアート」』

（田坂広志／ＰＨＰ研究所）

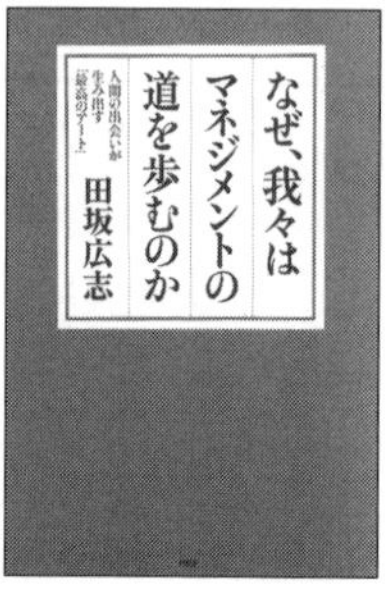

著者は、シンクタンク・ソフィアバンク代表の田坂広志さん。田坂広志さんは、私のメンター的存在でもあります。マネジメントの仕事に就く前から、キャリアを形成していく上で多大な影響を受けた著者でもあります。ということもあって、どの本を推奨するか迷いましたが、マネージャー向けに最もふさわしいと思う一冊を選びました。

田坂さんは、マネジメントの道は、「重荷」であると言います。なぜなら部下の人生に責任を持つことになるから。にもかかわらず、なぜ私たちは、マネジメントの道を歩むのでしょうか？　それは、一人の人間として成長できるからだと田坂さんは主張します。では、人間としての成長とは何なのか、詳しくは本書をお読みください。

『メンタリング・マネジメント――共感と信頼の人材育成術』

（福島正伸／ダイヤモンド社）

著者の福島正伸さんは、ドリプラ（ドリームプラン・プレゼンテーション）の主催者であり、「夢しか実現しない」をモットーに掲げる人気経営コンサルタント。

本書も私がマネジメントの壁にぶつかり苦しかったときに、光を与えてくれた恩書の一冊です。

部下は上司の鏡。部下を見れば上司がどんなマネジメントをしているかわかると言います。当時自分のマネジメントスタイルについて悩んでいた私は、本書からマネージャーとして大切にすべき3つのことを学びました。その3つとは「見本」「信頼」「支援」。詳しくは本書で確認ください。

『上司の心理学――部下の心をつかみ、能力を高める』

（衛藤信之／ダイヤモンド社）

著者の衛藤信之さんは、日本メンタルヘルス協会代表を務める心理カウンセラー。多数の企業で顧問を務めるなどマネジメントにも精通した人気心理カウンセラーです。

本書は、心理学の視点から、マネジメントに求められるリーダーシップについて丁寧に解説してくれています。もはや部下は、理屈や権威では動かない。あんな上司になりたいと尊敬できる上司、あの人のためならと思える上司の魅力で動くのだと。本書もまた、鬼、冷徹人間と言われていた私のメガネをかけ替えるきっかけになった本の一つです。

『新訂　いい会社をつくりましょう』

（塚越寛／文屋・サンクチュアリ出版）

「かんてんぱぱ」ブランドで知られる伊那食品工業株式会社代表取締役会長・塚越寛氏の経営理念を、わかりやすくまとめた一冊です。

会社の目的は、社員の幸福な理想郷づくりと言い切る塚越さん。『戦わない経営』の著者、浜口さんの「社長は幸せの専門家」と相通ずるものがあります。同じようなタイミングで、このような素晴らしい経営理念に出合えたことが、私の今のマネジメントにつながっているのだと思います。本書のタイトルは、「いい会社をつくりましょう～た

くましく　そして　やさしく～」という伊那食品工業の社是でもあります。いい会社、そして、幸せな職場をつくりましょう。それが私の願いでもあります。

『コーチングのプロが教える 決断の法則「これをやる!」』

（鈴木義幸／講談社）

著者は、株式会社コーチ・エィ取締役社長の鈴木義幸さん。日本にコーチングを持ち込んだとされるコーチ・トゥエンティワンの設立に参画され、コーチングの普及に貢献されてこられた方です。私とコーチングの出合いも、鈴木さんの著書との出合いがスタートでした。本書は、タイトルのとおり、「決めること」の重要性を説いた本です。実は、私が本書を初めて読んだのは、部下から鬼、冷徹と思われ始めた頃なのです。その頃の私は、「部下を鍛える」と決めていたのですね。決めることはパワフルだけれども、かけるメガネを間違えてしまうとまったく違う結果を招いてしまうこともあります。マネジメントの壁にぶつかり本書を再読し、今度は、「部下を幸せにする」と決めたのです。

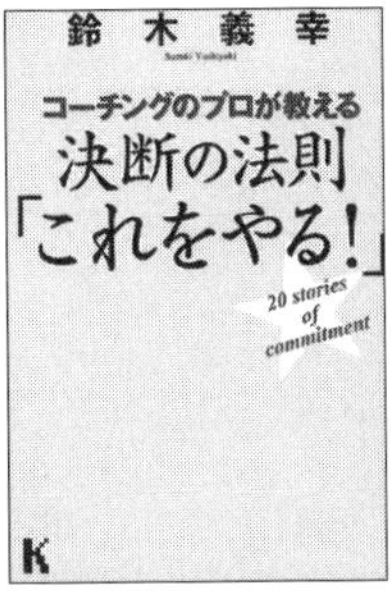

〈著者プロフィール〉
小林 嘉男（こばやし　よしお）
株式会社ディスコサポート本部経理部長
1967年埼玉県生まれ。立教大学卒業後、大手ゼネコンに入社。2000年株式会社ディスコに入社。全社管理会計システムを刷新し、社長賞を受賞。経営支援室長を経て経理部長に就任。部下から「鬼上司」「冷徹人間」の烙印を押されマネジメントの壁にぶつかるも、その後アドラー心理学を取り入れた独自のマネジメント手法を用い、自ら率いる経理部を「働きがいのある会社ランキング」TOP10にランクインする会社内で「働きがいのある職場」1位に導く。経理部長、社内コミュニケーション講座講師、プロメンタルコーチの3足のワラジを履く、異色の経理部長。

〈Special Thanks〉
株式会社ディスコ経理部の皆様、星野雄一様、小松英樹様、青木真穂様

〈使用アイコン～ Round eyeglasses free icon ～〉
Icon made by Freepik from www.flaticon.com

〈参考文献〉
『嫌われる勇気　自己啓発の源流「アドラー」の教え』（岸見一郎 古賀史健著／ダイヤモンド社）
『アドラーに学ぶ部下育成の心理学』（小倉広著／日経ＢＰ社）
『アルフレッド・アドラー　人生に革命が起きる100の言葉』（小倉広著／ダイヤモンド社）
『マンガでやさしくわかるアドラー心理学』（岩井俊憲著／日本能率協会マネジメントセンター）
『初めてのアドラー心理学』（アン・フーバー ジェレミー・ホルフォード著、鈴木義也訳／一光社）
『7つの習慣─成功には原則があった！』（スティーブン・Ｒ・コヴィー著／キングベアー出版）
“Organizing for Learning : Strategies for Knowledge Creation and Enduring Change” (Daniel H. Kim ／ Pegasus Communications)

職《しょく》場《ば》を幸《しあわ》せにするメガネ

アドラーに学《まな》ぶ勇気《ゆうき》づけのマネジメント

2019年8月24日　初版第3刷発行

〈Staff〉
カバーデザイン　河村誠
本文・図版デザイン　二神さやか
イラスト　森田さやか
写　真　今井裕治
校　正　室伏厚子

著　者　小林嘉男《こばやしよしお》

発行者　高橋淳二
発行所　**株式会社まる出版**
〒151-0053 東京都渋谷区代々木1-39-11-605
電話：03-6276-1456　FAX：03-6276-1458
http://maru-publishing.co.jp

発　売　サンクチュアリ出版
〒113-0023 東京都文京区向丘2-14-9
電話：03-5834-2507　FAX：03-5834-2508

印刷・製本　シナノ書籍印刷株式会社

ISBN978-4-86113-186-8　C0030

皆さまの感想や取り組みの様子を
ぜひ聞かせてください。

「職場を幸せにするメガネ」特設HPには
コメント送付欄を設置しています。

maru-publishing.co.jp/megane

皆さまの

- **読後の感想**
- **御社での取り組みの様子**
- **本を読んで感じた疑問や質問**

などを、ぜひお寄せください。

HP上で、著者の方からできる限り回答させていただきます。
皆さまの声を聞かせていただけることが、
私たちの何よりの励みになります。どうぞよろしくお願いします。